Mattis Esch

Der Einfluss von Sharing-Plattformen auf die Automobilindustrie

Führt Carsharing zu einer reduzierten Nachfrage nach Neuwagen?

Bibliografische Information der Deutschen Nationalbibliothek:

Die Deutsche Nationalbibliothek verzeichnet diese Publikation in der Deutschen Nationalbibliografie; detaillierte bibliografische Daten sind im Internet über http://dnb.d-nb.de abrufbar.

Impressum:

Copyright © Science Factory 2019

Ein Imprint der GRIN Publishing GmbH, München

Druck und Bindung: Books on Demand GmbH, Norderstedt, Germany

Covergestaltung: GRIN Publishing GmbH

Inhaltsverzeichnis

Abbildungsverzeichnis V

Tabellenverzeichnis VI

Abkürzungsverzeichnis VII

1 Einleitung 1

    1.1 Problemstellung 1

    1.2 Zielsetzung 2

    1.3 Gang der Untersuchung 2

2 Theoretische Grundlage 4

    2.1 Gestaltung einer Umfrage (Quantitativer Fragebogen) 4

    2.2 Kostenvergleich 8

    2.3 Nutzwertanalyse 8

    2.4 Sharing Economy 10

3 Sharing Economy in der Automobilbranche 13

    3.1 Carsharing 14

    3.2 Vor- und Nachteile von Carsharing 20

    3.3 Barrieren von Carsharing 24

    3.4 Marktanalyse in Deutschland 25

    3.5 Kostenvergleich Carsharing vs. Mietwagen oder Leasing 26

    3.6 Umfrage 32

4 Einfluss auf die Automobilindustrie 38

    4.1 Auswirkungen von Carsharing auf Automobilkonzerne 39

    4.2 Potentiale von Carsharing für Automobilkonzerne 41

    4.3 Neue Formen des Autobesitzes 44

5 Schlussbetrachtung **46**

Literaturverzeichnis **49**

Internetquellen **54**

Anhang **57**

A1. Fragebogen 57

A2. NWA – Zielbeiträge der Kriterien 67

A3. NWA – Bewertung der Mobilitätsalternativen: CS „free floating" 68

A4. NWA – Bewertung der Mobilitätsalternativen: CS stationsbasiert 69

A5. NWA – Bewertung der Mobilitätsalternativen: Privater Pkw Kauf 70

A6. NWA – Bewertung der Mobilitätsalternativen: Privater Pkw Leasing 71

Abbildungsverzeichnis

Abbildung 1: Struktur eines P2P-Modells 14

Abbildung 2: Entwicklung des Carsharing Marktes (B2C) in Deutschland 17

Abbildung 3: Kostenvergleich Sixt Mietwagen vs. Cambio – 3 Stunden 28

Abbildung 4: Kostenvergleich Sixt Mietwagen vs. Cambio - 23 Stunden 29

Abbildung 5: Kostenvergleich Sixt Leasing vs. Cambio 31

Abbildung 6: CS-Nutzer in Europa (2014) pro Land 42

Tabellenverzeichnis

Tabelle 1: Nutzwertanalyse – Mobilitätsalternativen 37

Tabelle 2: NWA - Zielbeiträge der Kriterien 67

Tabelle 3: NWA - Bewertung der Mobilitätsalternativen: CS "free floating" 68

Tabelle 4: NWA - Bewertung der Mobilitätsalternativen: CS stationsbasiert 69

Tabelle 5: NWA - Bewertung der Mobilitätsalternativen: Privater Pkw Kauf 70

Tabelle 6: NWA - Bewertung der Mobilitätsalternativen: Privater Pkw Leasing 71

Abkürzungsverzeichnis

B2B	-	Business-to-Business
B2C	-	Business-to-Customer
BMW	-	Bayerische Motoren Werke
CS	-	Carsharing
ITPS	-	Integrated Transport Provider Services
MIV	-	Mobiler Individualverkehr
NWA	-	Nutzwertanalyse
o.S.	-	ohne Seite
P2P	-	Peer-to-Peer
Pkw	-	Personenkraftwagen
VW	-	Volkswagen

1 Einleitung

Im Zuge der stetig wachsenden Vernetzung durch Digitalisierung, ist eine Verhaltensänderung bei Konsumenten zu beobachten. Die Sharing Economy wächst und gewinnt an Bedeutung in diversen Branchen, so auch im Bereich der Mobilität. Ein steigendes Umweltbewusstsein sowie die Ressourcenknappheit führen zu einem Umdenken in der Bevölkerung und unterstützen den Aufstieg der Sharing Economy. „Teilen statt Besitzen" rückt als Leitspruch in den Fokus und verändert traditionelle Eigentumsverhältnisse.[1] Technologien wie das Internet werden verwendet, um Netzwerke über Stadt- und Ländergrenzen hinaus zu etablieren. Das Ziel der Sharing Economy ist ein nachhaltigeres Leben und die effizientere Nutzung der verfügbaren Ressourcen.

Im Bereich der Mobilität stellen sich die Fragen: Welchen Einfluss hat das auf die Automobilindustrie und wie können Automobilkonzerne die neu aufkommende Mentalität in ihr Geschäft integrieren. Die Einflüsse der Sharing Economy können global beobachtet werden. Der Fokus dieser Arbeit liegt auf dem deutschen Markt, da eine globale Betrachtung den Rahmen dieser Arbeit übersteigen würde.

1.1 Problemstellung

Es gibt bereits erfolgreiche Geschäftsmodelle im Bereich der Sharing Economy, welche erkennbaren Einfluss auf andere Wirtschaftszweige haben. So zum Beispiel Uber, ein Mobilitätsdienstleister aus den USA, der international für Aufruhr im Taxigewerbe sorgt. Ähnlich verhält es sich mit Airbnb, einem Vermittler privater Unterkünfte, im Hotelgewerbe.[2] Diese Plattformen ermöglichen eine effiziente Verteilung freier Ressourcen unter Nutzern. Traditionelle Gewerbe stehen nun mit jenen Online-Anbietern in Konkurrenzkampf.

In Deutschland sind im Bereich der Sharing Economy unter anderem Carsharing-Angebote vertreten, welche deutlich steigende Fahrzeug- und Nutzerzahlen verzeichnen.[3] Der Trend der Sharing Economy ist somit auch in der deutschen Automobilbranche angekommen. Konsumenten haben nun einen alternativen Zugang zu nicht verwendeten Kapazitäten von Automobilen, und umgehen damit die finanzielle Verpflichtung eines privaten Personenkraftwagens (Pkw). Die Notwendigkeit

---

[1] Matzler, Veider & Kathan (2016), S. 120
[2] Cramer & Krueger (2016), S. 177
[3] Tils & Rehaag (2017), S. 178

eines privaten Pkw für individuelle Mobilität wird in Frage gestellt. So ist bereits zu beobachten, dass Uber-Nutzer den Kauf eines Autos aufschieben, aufgrund des Zugangs zu App-basierten Mobilitätsangeboten.[4] Führt eine gemeinschaftliche Nutzung von Pkw, somit zu einer reduzierten Nachfrage nach neuen Fahrzeugen? Das hätte einen negativen Einfluss auf die Verkaufszahlen von Händlern und Konzernen. Autohersteller wären somit gezwungen neue Strategien zu entwickeln, um dem Umsatzverlust entgegenzuwirken.

1.2 Zielsetzung

Ziel der Untersuchung ist, das Konzept Carsharing (CS) und dessen Einfluss auf Automobilkonzerne zu evaluieren. Um die Durchschlagskraft dieses Geschäftsmodells herauszufinden, werden sowohl Stärken und Schwächen, als auch mögliche Barrieren thematisiert. Der finanzielle Vorteil für Nutzer durch die Verwendung von CS im Vergleich zu anderen Mobilitätsalternativen wird herausgearbeitet und verdeutlicht.

Ein weiteres Ziel der Arbeit ist, Auswirkungen von CS auf Automobilkonzerne darzustellen und dahingehend zu analysieren, ob dieses Konzept ebenso Potentiale für die Industrie birgt. Zudem sollen neue Geschäftsmodelle aufgezeigt werden, welche veränderte Kundenbedürfnisse aufgreifen und somit eine weitere Alternative zum traditionellen Geschäftsmodell darstellen. Das Ergebnis der Arbeit wird den Einfluss von Sharing-Plattformen der Automobilbranche auf den Vertrieb der Automobilkonzerne darstellen.

1.3 Gang der Untersuchung

Zur Gewährleistung einer guten Verständlichkeit der Arbeit, werden dem Leser nach der Einleitung zunächst technische Grundlagen präsentiert. Diese umfassen die in der Arbeit verwendeten wissenschaftlichen Konzepte, sowie eine Einführung in die Sharing Economy. Folgend wird in die Materie der alternativen Mobilitätsangebote eingestiegen, mit dem Fokus: Carsharing. Es werden mögliche Vor- und Nachteile, sowie Barrieren des Konzeptes vorgestellt. Eine kurze anschließende Marktanalyse informiert den Leser über die aktuelle Marktsituation in Deutschland. Der Vergleich verschiedener Mobilitätsalternativen wird zunächst durch einen Kostenvergleich veranschaulicht und zeigt auf, in welchem Szenario finanzielle

---

[4] Guo et al. (2018), S. 2

Vorteile durch Carsharing gegeben sind. Im Anschluss gibt die Auswertung einer selbst durchgeführten Umfrage einen Einblick in den Einfluss von Carsharing auf die Automobilindustrie und die veränderten Kundenbedürfnisse. Dies bildet die Grundlage für eine anschließende Nutzwertanalyse (NWA). Hier zeigt sich, in welchen Bereichen Carsharing im Vergleich zu einem privaten Autokauf oder einem Leasingangebot besser abschneidet und, ob nach der Berücksichtigung aller Faktoren Carsharing eine attraktive Alternative darstellt. Das Ergebnis rundet den Vergleich zu anderen Mobilitätsalternativen ab. Der Hauptteil der Arbeit soll den Einfluss von Carsharing auf die Automobilkonzerne aufzeigen. Es werden zudem neue Konzepte des Autobesitzes vorgestellt, welche die neuen Kundenanforderungen besser als traditionelle Konzepte berücksichtigen. Eine Schlussfolgerung vollendet die Arbeit.

2 Theoretische Grundlage

Im folgenden Kapitel werden die in der Arbeit verwendeten theoretischen Grundlagen, Methoden und Konzepte umfassend erläutert, um das Verständnis der anschließenden Analyse zu gewährleisten.

2.1 Gestaltung einer Umfrage (Quantitativer Fragebogen)

Der erste Schritt, bei der Erstellung einer Umfrage ist die Konstruktion, bzw. Formulierung einer Forschungsfrage. Die Forschungsfrage definiert den genauen Inhalt der Untersuchung und wird als Leitfaden für den anschließenden Forschungsprozess verwendet. Die Umfrage wird zur Ermittlung von Meinungen eines Kollektivs eingesetzt und ist nicht für Einzelpersonen geeignet.[5] Neben der Forschungsfrage muss außerdem die Art der Forschung festgelegt werden, welche oft bereits der konkreten Forschungsfrage zu entnehmen ist. In gängiger Literatur wird zwischen explorativer, deskriptiver, hypothesentestender, prognostischer und evaluativer Forschung unterschieden. Der explorative Forschungsansatz wird bei Themen gewählt, bei denen zum Zeitpunkt der Forschung noch keine oder wenige Erkenntnisse vorliegen. Ziel ist es, einen ersten Einblick zu erhalten. Bei einer deskriptiven Forschung sind Bereich und Stichprobe der Untersuchung bereits definiert. Ziel ist es hier, bestimmte Merkmale der Stichprobe herauszuheben. Der hypothesentestende Ansatz wird verwendet, um eine bereits vor der Forschung vermutete Verteilung von Merkmalen einer Grundgesamtheit nachzuweisen. Diese sehr weite Definition, kann jegliche Form der Forschung beinhalten, bei der im Vorfeld die zu erwartenden Ergebnisse beschrieben werden. Sollten Aussagen über die zukünftige Entwicklung eines Bereiches die Grundlage einer Untersuchung sein, so wird die prognostische Forschung verwendet. Abschließend ist noch die evaluative Forschung zu nennen, welche hauptsächlich für die Bewertung von Programmen oder Ereignissen eingesetzt wird.[6]

Im Bereich der Datenerhebung kann zwischen der quantitativen und qualitativen Methode differenziert werden. Alle Forschungen mit dem Ziel numerische Darstellungen bestimmter Sachverhalte zu erstellen, gehören zur quantitativen Methode. Diese umfasst auch die Erhebung von Daten mithilfe eines standardisierten

---

[5] Jacob, Heinz & Décieux (2014), S. 57
[6] Jacob, Heinz & Décieux (2014), S. 62 ff.

Fragebogens.[7] Im Gegensatz dazu arbeitet die qualitative Datenerhebung mit verbalen Äußerungen, also nicht numerischen Darstellungen, welche durch eine Interpretation ausgewertet werden.[8] In dieser Ausarbeitung wird ein standardisierter Fragebogen für die Datenerhebung verwendet. Er ist der quantitativen Datenerhebung zuzuordnen. Bei der Konstruktion eines derartigen Fragebogens sind einige Prinzipien zu beachten. Am Anfang eines Fragebogens steht die Einleitung oder Anrede an den Befragten. Diese ist wesentlich, um eventuell positives Interesse am Thema zu erwecken oder die Motivation zu erhöhen, beispielsweise indem eine sehr kurze Bearbeitungsdauer erwähnt wird. Zudem wird hier die Anonymitätszusicherung integriert, die Antworten können also nicht mit der Person in Verbindung gebracht werden. Dadurch wird das Vertrauen der Befragten gewonnen.[9] Zudem hat das Layout von schriftlichen und online Fragebögen eine erhebliche Bedeutung, da die befragte Person ohne Hilfe sämtliche Fragen und Antworten verstehen muss, um repräsentative Ergebnisse zu gewährleisten.[10]

Zu beachten ist auch die Art der Fragen, welche beispielsweise mit der geplanten Auswertung kompatibel sein muss. Fragen werden in zwei Arten unterschieden: offene und geschlossene Fragen. Allerdings sind ebenfalls Mischformen möglich. Bei offenen Fragen hat der Befragte die Möglichkeit, seine Antwort selbst zu formulieren. Ein Beispiel hierfür wäre: „Was hat Ihnen an dem Produkt besonders gut gefallen?". Dies hat den Vorteil, dass Befragte ihre Antwort frei formulieren und dadurch sich eventuell besser ausdrücken können. Bei Personen mit Problemen bei der Verbalisierung kann es zu Hemmungen kommen und somit wird nicht die wahre Einstellung des Befragten erfasst. Zudem ist die Auswertung von offenen Fragen sehr aufwendig, da die Antworten aufgrund fehlender Standardisierung zunächst kategorisiert werden müssen. Offene Fragen werden zudem oft nicht beantwortet. Einer der Gründe dafür kann sein, dass Personen aus Bequemlichkeit eher bereit sind Fragen mit festen Antwortmöglichkeiten zu beantworten, als selbst Formulierungen zu erstellen. Dies ist abhängig von der Motivationslage. Bei geschlossenen Fragen werden dem Befragten Antwortmöglichkeiten vorgegeben.[11] Diese können als Einfachauswahl (eine Option kann ausgewählt werden) oder

---

[7] Raab-Steiner & Benesch (2015), S. 47
[8] Bortz & Döring (2007), S. 296
[9] Schumann (2012), S. 78
[10] Schumann (2012), S. 129
[11] Raab-Steiner & Benesch (2015), S. 52 f.

Mehrfachauswahl (mehrere Optionen können ausgewählt werden) erstellt werden. Durch die Auswahl der vorgegebenen Antworten, wird die Auswertung deutlich vereinfacht.[12] Antwortformate können weiterhin in Untergruppen unterteilt werden, wie zum Beispiel das dichotome Antwortformat oder das mehrkategorielle Antwortformat (Ratingskalen). Dichotome Antwortformate stellen die befragte Person vor die Wahl aus zwei Antwortmöglichkeiten (z.b. „ja" oder „nein"). Ratingskalen geben dem Befragten die Möglichkeit mehrstufige Antwortmöglichkeiten auszuwählen.[13] Das gewählte Antwortformat ist auf jede Frage individuell abzustimmen, da dadurch die Ergebnisse ebenfalls beeinflusst werden.

Bei der Konstruktion der Fragen ist unbedingt darauf zu achten, dass diese verständlich und eindimensional formuliert werden. Es muss klar zu erkennen sein, auf was sich die Antwortmöglichkeiten beziehen. Eine Mehrdimensionalität entsteht beispielsweise, wenn Formulierungen wie „niemals", „keine" oder „alle" integriert werden.[14] Um eine gute Verständlichkeit zu erreichen, sollten keine unbekannten Ausdrücke, doppelten Negationen, Stereotype oder suggestiven Formulierungen verwendet werden. Außerdem sollte die Frage stets so kurz wie möglich formuliert werden und keine Begriffe wie „selten", „oft" oder Ähnliche enthalten, da diese Raum für Interpretation lassen und die Vergleichbarkeit der Antworten beeinträchtigten. Im Übrigen müssen vollständige Antwortmöglichkeiten angegeben werden. Wird zum Beispiel gefragt, welche Partei die oder der Befragte wählen würde, so müssen alle Parteien als Antwortmöglichkeit angegeben werden und nicht nur die größten. Zudem ist zwingend auf eine sinnvolle Abfolge der Fragen zu achten. Es sollte ein klarer Leitfaden im Verlauf des Fragebogens zu erkennen sein.[15] Am Ende werden meist demographische Einzelheiten in einem separaten Teil abgefragt, da hier Informationen abgefragt werden, welche teilweise als privat angesehen werden. Zu frühes erfragen von Informationen wie Alter, Bildung und Einkommen kann den Befragten verärgern und anschließende Antworten beeinflussen. Zudem ist am Ende den Teilnehmern für die Bearbeitung zu danken.[16]

---

[12] Porst (2014), S. 53
[13] Raab-Steiner & Benesch (2015), S. 58 f.
[14] Schumann (2012), S. 61 f.
[15] Raab-Steiner & Benesch (2015), S. 68
[16] Rüdiger, Heinz & Dècieux (2014), S. 181 f.

Bei der Konstruktion eines Fragebogens ist besonders darauf zu achten, dass sogenannte Halo-Effekte vermieden werden. Dieser Begriff beschreibt das Phänomen, dass Fragen auf einander „ausstrahlen" können. Vorangegangene Fragen können die Antwort nachfolgender Fragen beeinflussen, was wiederum die Validität des Ergebnisses beeinträchtigt. Somit sollten Fragen, bei denen die Gefahr eines Halo-Effektes besteht, voneinander getrennt werden, was allerdings dem klar erkennbaren Leitfaden schaden kann.[17] Im Übrigen gibt es weitere Antworttendenzen, welche ebenfalls beachtet werden müssen. Beispielsweise ist belegt, dass es zu absichtlicher Verstellung oder Tendenzen der befragten Personen kommen kann, um beispielsweise sozialen Normen zu entsprechen. Obwohl diese nicht wirklich den eigenen Einstellungen entsprechen.[18] [19] Dadurch wird die Aussagekraft des Ergebnisses beeinträchtigt.

Bevor ein Fragebogen verwendet werden kann, muss zunächst die Grundgesamtheit definiert werden. Es wird also festgelegt wer befragt wird. Wird jeder aus einer bestimmten Gruppe befragt, so wird dies auch als Vollerhebung beschrieben. Eine derartige Vorgehensweise ist meistens nur mit erheblichem Aufwand zu realisieren oder durch die Größe der Gruppe schlicht nicht möglich. Allerdings ist dieses Vorgehen meistens gar nicht nötig, da die gestellte Forschungsfrage auch durch die Untersuchung einer spezifischen Stichprobe mit angemessener Genauigkeit beantwortet werden kann.[20] Bei der Auswahl der Stichprobe wird zwischen einem Zufallsverfahren und nicht zufälliger Auswahl unterschieden. Das Zufallsverfahren ist stets zu wählen, wenn Schlüsse aus der Befragung der Stichprobe auf die Grundgesamtheit übertragen werden sollen. Sobald eine Vorauswahl für die Stichprobe getroffen und somit keine zufällige Auswahl durchgeführt wird, ist die Objektivität der Befragung eingeschränkt.[21] [22]

---

[17] Schumann (2012), S. 77
[18] Raab-Steiner & Benesch (2015), S. 65
[19] Bortz & Döring (2007), S. 233
[20] Jacob, Heinz & Décieux (2014), S. 65
[21] Jacob, Heinz & Decieux (2014), S. 65
[22] Schumann (2012), S. 82 ff.

Die Durchführung eines vorläufigen Tests des Fragebogens hilft um die Konstruktion und Qualität des erstellen Bogens zu überprüfen. Dies kann anhand einer kleinen Stichprobe erfolgen. Aufschlüsse über Bearbeitungsdauer und Verständlichkeit können ebenfalls diesem Vorlauf entnommen werden.[23] So können Probleme während der richtigen Umfrage vermieden werden.

2.2 Kostenvergleich

Die Methodik des Kostenvergleichs wird angewendet, um den reinen finanziellen Aufwand mehrerer Alternativen miteinander zu vergleichen. Subjektive Wahrnehmungen oder Präferenzen werden hier nicht berücksichtigt, was eine objektive Vergleichbarkeit der Ergebnisse ermöglicht.[24] Bevor der eigentliche Vergleich vollzogen werden kann, müssen zuverlässige Daten erhoben werden. Das Resultat wird in Form einer Tabelle oder einer Abbildung dem Leser anschaulich präsentiert.

2.3 Nutzwertanalyse

Die NWA („Scoring-Modell") wurde in den USA unter der Bezeichnung "utility analysis" entwickelt und ist als Managementtechnik und Entscheidungsverfahren bekannt.[25] Wenn diverse Aspekte berücksichtigt werden müssen, oder mehrere Personen an der Entscheidungsfindung beteiligt sind, hilft diese Methode, die beste Lösung in komplexen Situationen zu ermitteln.[26] Das Verfahren wird beispielsweise von Stiftung Warentest verwendet, um Dienstleistungen und Produkte zu bewerten.

Folgende Voraussetzungen sind notwendig, um die NWA valide einsetzen zu können. Es muss mehr als eine Lösungsalternative existieren, damit diese untereinander verglichen werden können. Keine der vorliegenden Alternativen darf offensichtlich die Beste sein, dadurch wäre die Durchführung einer NWA hinfällig. Außerdem muss ein qualitativer und quantitativer Vergleich der Merkmale gefordert sein und der zu erwartende Aufwand durch die NWA sollte im Vergleich zum erhofften Ertrag der Entscheidung angemessen sein.[27] Das Prinzip der NWA basiert

---

[23] Raab-Steiner & Benesch (2015), S. 63 f.
[24] Weber (2018), o.S.
[25] Retzmann (2012), S. 431
[26] Kühnapfel (2019), S. 1
[27] Retzmann (2012), S. 431

auf der Zerlegung einer komplexen Entscheidung in Teilprobleme, welche isoliert voneinander leichter betrachtet und bewertet werden können. Das zu Grunde liegende komplexe Thema wird also vereinfacht, um so trotzdem die optimale Lösung zu ermitteln.[28] Dafür werden zunächst qualitative (Service, Zuverlässigkeit, etc.) und quantitative (Kosten, Zeit, Gewinn, etc.) Kriterien festgelegt, anhand derer die verschiedenen Lösungsalternativen bewertet werden können. Die Bewertung wird durch die Verwendung einer Skala durchgeführt, beispielsweise von 1 (schlechteste Bewertung) bis 10 (beste Bewertung). Da nicht allen Kriterien für die Lösung die gleiche Relevanz zuzuordnen ist, wird eine Gewichtung vorgenommen. Somit sind die unterschiedlichen Bedeutungen im Endergebnis berücksichtigt (z.B. 1 – geringe Bedeutung bis 5 – hohe Bedeutung). Nachdem jede Lösungsalternative eine Bewertung für jedes Kriterium erhalten hat, wird dieser Zahlenwert mit der jeweiligen Gewichtung des Kriteriums multipliziert. Das Gesamtergebnis der Alternative ergibt sich aus der Addition der Produkte.[29] Durch die Verwendung eines einheitlichen Punktesystems, werden die jeweiligen Lösungsalternativen miteinander vergleichbar und jene Alternative mit dem höchsten Gesamtergebnis ergibt die optimale Lösung.

Die Bewertungsskala ist so zu wählen, dass eine Differenzierung der einzelnen Elemente möglich ist. Eine breite Skala, beispielsweise 1 – 100, macht es kaum möglich, zwischen Zahlen wie z.B. 70 und 68 zu unterscheiden und führt somit zu einem gewissen Maß an Willkür im Ergebnis.[30] Eine zu kurze Skala, beispielsweise 1 – 3, kann ebenfalls das Ergebnis beeinflussen, da hier zu wenig Möglichkeiten zur Differenzierung der Lösungen vorliegen. Skalen wie z.B. 1 – 10 können sinnvoll eingesetzt werden.[31] Bei Beachtung aller Hinweise, ist die Nutzwertanalyse ein effektives Entscheidungsverfahren.

---

[28] Kühnapfel (2019), S. 1
[29] Retzmann (2012), S. 431
[30] Kühnapfel (2019), S. 11
[31] Kühnapfel (2019), S. 16 – 23

2.4 Sharing Economy

Im Mittelpunkt der Sharing Economy steht der Gemeinschaftskonsum, auch als kollaborativer Konsum beschrieben. Leitsätze dabei sind „Teilen statt Haben" und „Nutzen statt Besitzen".[32] In der Fachliteratur lassen sich diverse Definitionen der Sharing Economy finden. Einige Autoren verwenden dabei eine sehr allgemeine Definition, wie z.B. Zervas und Byers (2016), die von einer mehrseitigen Technologie-Plattform sprechen.[33] Andere definieren genauer. Diese sehen Sharing Economy als ein ökonomisches Model, in dem Güter durch Individuen geschaffen und untereinander geteilt werden. Dabei wird ebenfalls die erhöhte Auslastung nicht genutzter Ressourcen durch Teilen erwähnt. So verstehen Koopmann, Mitchel und Thierer (2014) Sharing Economy als Form eines Marktplatzes, welcher das Internet verwendet um Anbieter und Nachfrager zum teilen oder tauschen nicht ausgelasteter Ressourcen Güter zusammenzubringen.[34] Die zugrundeliegende Idee ist trivial; anstatt sich etwas für den eigenen Besitz zu kaufen, ist es in der Sharing Economy das Ziel, die Nutzung temporär in Anspruch zu nehmen. Meist geht dies einher mit deutlich geringeren Nutzungskosten.[35] Im Mittelpunkt der Sharing Economy steht eine Bewusstseinsveränderung der Konsumenten. Eigentum als Instrument der Bedürfnisbefriedigung wird durch ein Konsumsystem des Teilens ersetzt.[36] Durch das veränderte Kundenverhalten werden die Unternehmen beeinflusst, das erzwingt neue Geschäftsmodelle.

Botsman und Rogers (2011) differenzieren jene neu entstandenen Modelle in drei Kategorien: Produkt-Dienstleistungs-Systeme, Redistributionsmärkte und kollaborative Lebensstile.[37] Die erste Kategorie der Produkt-Dienstleistungs-Systeme umschreibt Modelle, bei denen Unternehmen ihren Kunden Güter in Form einer Dienstleistung bereitstellen und dieses nicht komplett an den Kunden verkaufen. Dadurch wird nicht nur die finanzielle Belastung durch die Anschaffungskosten auf Seite des Kunden eliminiert, sondern auch die laufenden Kosten, welche normalerweise durch den Besitz des Gutes anfallen würden.

---

[32] Eichhorst & Spermann (2015), S. 4
[33] Zervas, Proserpio & Byers (2017), S. 2
[34] Koopmann, Mitchel & Thierer (2014), S. 531
[35] Voeth, Pölzl & Kienzler (2015), S. 473
[36] Lamberton & Rose (2012), S. 109
[37] Botsman & Rogers (2011), S. 13 ff.

Redistributionsmärkte, welche die zweite Kategorie bilden, zeichnen sich dadurch aus, dass sie auf der Weiterverwendung und Vermarktung von bereits gebrauchten Gütern basieren. Sollte eine Person ein Gut besitzen, dieses aber nicht mehr verwenden, so kann das Gut auf einer Plattform zur kollaborativen Verwendung oder Veräußerung angeboten werden. Somit werden ungenutzte Ressourcen neu verteilt, was den Nachhaltigkeitsgedanken verstärkt.

Geschäftsmodelle im Bereich der kollaborativen Lebensstile, welche die dritte Kategorie darstellen, basieren eher auf zwischenmenschlichen Interaktionen und nicht auf physischen Produkten. Hier schließen sich Menschen zusammen, welche ihre Fähigkeiten untereinander austauschen oder anbieten und so eine Form der Dienstleistung schaffen.[38] Ein derartiges Geschäftsmodell erfordert einen bestimmten Grad an Vertrauen zwischen den Beteiligten.

Im Laufe der letzten Jahre hat die schnelle Entwicklung im Bereich der Kommunikations- und Informationstechnologie und die Allgegenwärtigkeit des Smartphones in der Bevölkerung dazu geführt, dass internetbasierte Applikationen überall und von jedem verwendet werden können. Dies hat das Wachstum der Sharing Economy entscheidend beeinflusst und vorangetrieben.[39] Welches Potential das Gebiet der Sharing Economy hat kann einer Umfrage, durchgeführt von PricewaterhouseCoopers (PwC) aus dem Jahr 2015, entnommen werden. Hier geben 46% aller Befragten an, bereits ein Angebot aus dem Geschäftsbereich genutzt zu haben. 64% geben an, dass sie planen in den nächsten zwei Jahren ein Angebot nutzen zu wollen. Hier zeigt sich bereits das Wachstumspotential. Ebenfalls zu beobachten ist, dass gerade bei den jüngeren Generationen (18 bis 29 und 30 bis 39 Jahre) Sharing-Angebote öfter genutzt werden. 88% der Befragten 18 bis 29-Jährigen, planen in den nächsten zwei Jahren Sharing-Angebote zu nutzen.[40] Einen Hauptvorteil der Sharing Economy sehen Nutzer darin, dass Anbieter und Nutzer in gleichem Maße profitieren. Die effizientere Verwendung von Ressourcen und das Preis-Leistungs-Verhältnis sei ebenfalls als Vorteil zu erkennen.[41]

---

[38] Voeth, Pölzl & Kienzler (2015), S. 473
[39] Guo et al. (2018), S. 1
[40] PwC (2015), S. 5 ff.
[41] PwC (2015), S. 14 ff.

Unternehmen wie Uber und Airbnb sind Teil der Sharing Economy, ihr globaler Erfolg zeigt welche Relevanz die Sharing Economy bereits heute in der Geschäftswelt besitzt. 2018 erreichte Uber bereits einen Unternehmenswert von ca. 80 Milliarden €.[42] Airbnb erzielt zwar keine derart hohe Summe, aber dennoch mit einer Bewertung von ca. 30 Milliarden US-Dollar einen signifikanten Wert.[43] Bei diesen Evaluierungen ist davon auszugehen, dass es sich nicht um einen Trend handelt, der bald abnimmt.

---

[42] Jacquet (2018), S. 12
[43] Ju et al. (2019), S. 344 f.

3 Sharing Economy in der Automobilbranche

Grundsätzlich eignet sich ein Produkt, welches im Alltag eher selten benutzt wird und über hohe Anschaffungskosten verfügt, sehr gut für den kollaborativen Konsum.[44] Ein in der Regel mit hohen Anschaffungskosten verbundenes Automobil wird durchschnittlich weniger als eine Stunde am Tag genutzt. Die laufenden Kosten, wie z.B. Treibstoff und Versicherung sind ebenfalls nicht zu vernachlässigen.[45] Der Pkw ist somit ein ideales Produkt für die Sharing Economy.

2011 wurde eine Studie des Institutes für Mobilitätsforschung veröffentlicht, welche das Mobilitätsverhalten junger Erwachsener in Industrienationen untersucht hat.[46] Ergebnisse der Studie zeigen, dass gerade in Deutschland ein Wandel im Mobilitätsverhalten der jungen Generation zu erkennen ist. So sei die Verfügbarkeit eines Pkw bei jungen Erwachsenen im Alter von 20 – 29 Jahren von 83% im Jahr 1997 auf 72% in 2007 gesunken. Daraus ergebe sich, dass vermehrt auf die Verwendung von Mobilitätsalternativen, wie den öffentlichen Verkehr oder das Fahrrad, gesetzt wird. Als Folge dessen wurden 2008 nur noch ca. 52% aller Wege von Personen im Alter von 20 bis 29 Jahren mit dem Pkw zurückgelegt.[47] Veränderungen wie diese in Kombination mit dem Aufkommen von Konzepten der Sharing Economy führen zu einem Umdenken in der Automobilbranche.

Neue Sharing-Angebote und Konzepte aus der Automobilbranche gliedern sich in zwei unterschiedliche Formen. Dabei ist das differenzierende Merkmal die Art der Bereitstellung. Daraus resultiert die Einteilung in eine der folgenden Bereiche: B2C (Business-to-Customer) oder P2P (Peer-to-Peer). Bei Verwendung des P2P-Modells werden Güter oder Dienstleistungen zwischen zwei Personen ausgetauscht oder geteilt. Das Unternehmen produziert kein eigenes Produkt, sondern stellt hier lediglich die Plattform zur Verfügung und bringt somit Angebot und Nachfrage zusammen.[48] Ein Beispiel hierfür ist die Plattform *drivy*, welche das Vermieten eines Pkw zwischen zwei Privatpersonen gegen eine Provision ermöglicht. *drivy* fungiert lediglich als Vermittler (siehe Abbildung 1).

---

[44] Witzke (2016), S. 8
[45] Canzler & Knie (2006), S. 9
[46] ifmo (2011), o.S.
[47] ifmo (2011), S. 9 f.
[48] Demary (2015), S. 4 f.

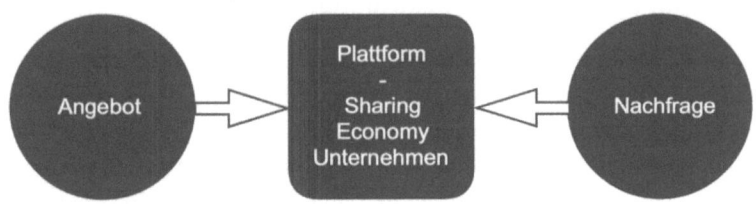

Abbildung 1: Struktur eines P2P-Modells
(Quelle: Eigene Darstellung nach Demary (2015), S. 5)

Im Gegensatz dazu steht das B2C-Modell, bei dem das Unternehmen sowohl die Plattform zum Vertrieb als auch das Produkt oder die Dienstleistung anbietet.[49] Ein Beispiel hierfür wäre der Carsharing-Anbieter Cambio. Die Fahrzeuge, welche ein Kunde über eine Plattform auf seinem Smartphone buchen kann, werden von Cambio selbst bereitgestellt. Die Kosten werden über eine zeit- und kilometerabhängige Abrechnung ermittelt.[50] Dieses Unternehmen wird in Kapitel 3.5 noch näher beleuchtet. Das B2B-Modell (Business-to-Business) kann ebenfalls angewendet werden, wie es unter anderem auch von Cambio angeboten wird. Hier erhält ein Arbeitnehmer Zugang zu den Fahrzeugen eines Anbieters, z.B. Cambio, über seinen Arbeitgeber.[51] Allerdings ist diese Art der Sharing Economy in Deutschland noch nicht weit verbreitet, weshalb der Fokus dieser Arbeit auf B2C und P2P liegt.

3.1 Carsharing

Durch die Thematisierung und Auseinandersetzung mit der Nachhaltigkeit motorisierter Mobilität, ist Carsharing als neues mobiles Konzept entstanden, welches als bedarfs- und nutzungsorientierte Alternative zum privaten Pkw eine Innovation darstellt. Ziel war es ursprünglich eine ressourcenschonende Mobilität durch gemeinschaftliche Nutzung zu erreichen. In den Anfangsjahren haben Genossenschaften das Konzept vorangetrieben, seitdem wurde es stetig immer weiter kommerzialisiert.[52]

---

[49] Demary (2015), S. 6
[50] Cambio CarSharing (2019a) o.S.
[51] Clark et al. (2015), S. 472
[52] Tils & Rehaag (2017), S. 170

Carsharing wird hauptsächlich als Service angesehen, der die zeitlich begrenzte Nutzung von Fahrzeugen durch eine bestimmte Gruppe an Mitgliedern ermöglicht.[53] Es ist der Kategorie der Produkt-Dienstleistungs-Systeme in der Sharing Economy zuzuordnen. Um Carsharing-Fahrzeuge nutzen zu können, muss zunächst eine Registrierung bei einem Anbieter erfolgen. Diese ist meist mit einer niedrigen Einmalzahlung verbunden. Um den Einstieg auch einkommensschwächeren Personen zu erleichtern, werden diese Kosten z.B. Studenten oder Auszubildenden bei einigen Anbietern erlassen. Sobald vertragliche Angelegenheiten bei einem Anbieter unterschrieben wurden, ist die jeweilige Person Mitglied und verfügt nun über die Möglichkeit Fahrzeuge des Anbieters zu verwenden. Bei Verwendung des P2P-Modells bucht der Nutzer nicht die Fahrzeuge des Anbieters, sondern erhält Zugang zu einer Liste an Fahrzeugen von anderen Privatpersonen, welche dann über die CS-Plattform gebucht werden können. Das Buchen der Fahrzeuge erfolgt dabei meist über eine Applikation auf dem Smartphone. In dieser wird angezeigt welche Fahrzeuge in der Nähe verfügbar sind und welche Kosten durch die Verwendung entstehen.

Im Bereich des B2C Carsharing gibt es zwei unterschiedliche Konzepte: das stationsbasierte und stationsunabhängige („free floating") Carsharing. Bei der stationsbasierten Variante stehen Fahrzeuge an festen Standpunkten, auch Carsharing Stationen genannt, für die Kunden bereit. Reservierungen der Fahrzeuge müssen vor Fahrtantritt online eingereicht werden. Diese sind bei nicht belegten Fahrzeugen auch wenige Minuten vor Fahrtantritt noch möglich. Es kann allerdings ebenso bereits eine Woche zuvor oder noch früher reserviert werden, wodurch sich die hohe Zuverlässigkeit dieses Konzeptes ergibt. Das Fahrzeug steht dem Nutzer für den gebuchten Zeitraum frei zur Verfügung. Es muss allerdings am Ende der Nutzung an der gleichen Station wieder abgestellt werden. Die Kosten für die jeweilige Fahrt werden dabei aus einer Minuten- und Kilometerpauschale berechnet.[54] Kraftstoff, Versicherung, Wartung und alle anderen Kosten werden von dem CS-Betreiber getragen.

Dem gegenüber steht das „free floating" Konzept, bei dem die Fahrzeuge den Nutzern innerhalb eines zuvor definierten Gebietes auf öffentlichen Parkplätzen zur Verfügung gestellt werden. Es gibt dementsprechend keine festen Stationen.[55]

---

[53] Bardhi & Eckhardt (2012), S. 886
[54] Loose (2016), S. 1
[55] Sunderer, Götz & Zimmer (2018), S. 99

Auch bei diesem Konzept können Nutzer online über das Smartphone nach verfügbaren Pkw in der Nähe suchen und diese unmittelbar verwenden. Da keine Stationen für diese Fahrzeuge vorgegeben sind, können Fahrten im Vorfeld schlechter geplant werden. Die Fahrzeuge können überall in dem definierten Gebiet abgestellt werden. Somit sind Einwegfahrten ebenfalls möglich. Allerdings decken die Aktivitätsgebiete nicht immer das komplette Stadtgebiet ab. Eine Reservierung eines Fahrzeuges kann frühestens 15 Minuten vor Fahrtantritt vollzogen werden. Die Abrechnung erfolgt in der Regel auf Basis eines zeitbasierten Tarifs, der pro Minute abgerechnet wird.[56] Eine Fahrt mit einem „free floating"-Fahrzeug ist allerdings teurer als eine vergleichbare Fahrt mit einem Fahrzeug des stationsbasierten Konzeptes. Die höhere Flexibilität resultiert hier in einem höheren Preis. Es gibt ebenfalls Anbieter, welche beide Konzepte in einem Angebot vereinen, allerdings ist diese Form in Deutschland noch nicht weit verbreitet. Unabhängig von diesen kommerziellen Konzepten ist privates Carsharing ebenfalls etabliert. Hier tritt eine Privatperson als Anbieter auf und stellt einen Pkw über das Internet oder in der Nachbarschaft zu Verfügung. Wichtig ist, dass der Anbieter ohne Gewinnabsicht handelt, sodass kein Gewerbe angemeldet werden muss. Die anfallenden Kosten werden meist unter allen Nutzern aufgeteilt.[57]

In den vergangenen Jahren sind CS-Nutzer- und CS-Fahrzeugzahlen rasant angestiegen, wie die folgende Grafik ilustriert:

---

[56] Loose (2016), S. 1
[57] Egger & Posch (2015), S. 249

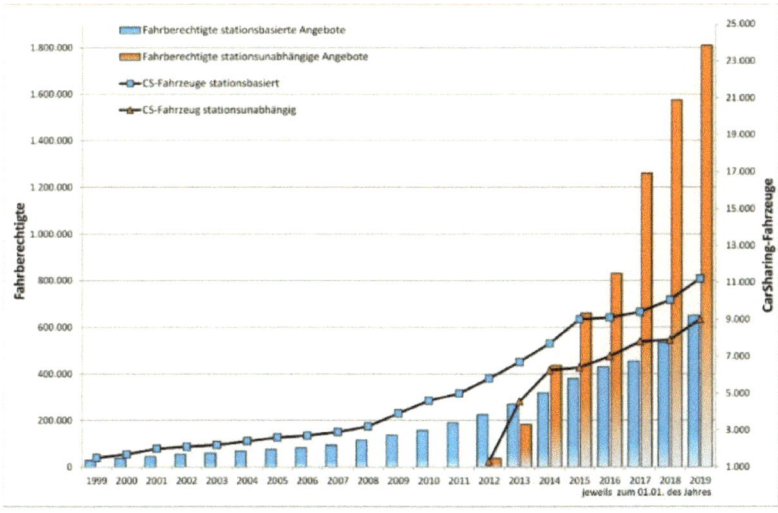

Abbildung 2: Entwicklung des Carsharing Marktes (B2C) in Deutschland
(Quelle: Darstellung des Bundesverband CarSharing (2019), o.S.)

Laut des Bundesverbandes CarSharing sind deutschlandweit bereits 2,46 Millionen Kunden bei einem CS-Anbieter angemeldet und insgesamt werden 20.200 CS-Fahrzeuge für diese Kunden bereitgestellt (Stand 01.01.2019). In Prozentzahlen ausgedrückt ist das ein Anstieg von 16,6% an Kunden und 12,5% an Fahrzeugen im Vergleich zum Vorjahr.[58] Diese Zahlen zeigen bereits welche Bewegung aktuell in der Automobilbranche vorhanden ist und welchen Einfluss CS auf die private Mobilität hat.[59] Das Potential dieses Geschäftsfeldes wurde von deutschen Automobilherstellern frühzeitig erkannt. So haben die Bayerische Motoren Werke (BMW) und der Autovermieter Sixt das Carsharing-Angebot *DriveNow* eingeführt.[60] Selbiges tat Daimler 2008 in Kooperation mit Europcar unter dem Namen *car2go*.[61] Seit 2018 haben sich car2go und DriveNow zu dem Dienstleister ShareNow zusammengeschlossen.

Bei der Auswahl des Angebotes ist stets zu beachten, ob das flexible „free floating" oder das günstigere stationsbasierte CS besser zu den persönlichen Mobilitätsanforderungen passt. Der Grafik ist ebenfalls zu entnehmen: Der Anteil und das

---

[58] Bundesverband CarSharing (2019) o.S.
[59] Rid et al. (2018), S. 3
[60] Kopp, Gerike & Axhausen (2013), S. 213
[61] Wang, MacKenzie & Cui (2017), S. 3

Wachstum der stationsunabhängigen Angebote sind deutlich höher als bei der stationsbasierten Alternative, obwohl diese kostengünstiger ist. Diese Entwicklung zeigt, dass die höhere Flexibilität der „free floating"-Fahrzeuge ein für Kunden besonders attraktives Merkmal darstellt.

Im Bereich der Sharing Economy sind neben CS auch weitere Mobilitätskonzepte entstanden. In dieser Arbeit liegt der Fokus auf CS und dessen Einfluss auf die Automobilkonzerne da diese Variante der Sharing Economy in Deutschland am verbreitetsten ist. Dennoch werden alternative Konzepte im Folgenden kurz dargestellt, um ein allumfassendes Bild zu gewährleisten.

3.1.1 Ridesharing

Dieses Konzept beschreibt eine Form der Mobilität, bei der individuelle Personen ein Fahrzeug für eine Fahrt teilen und die Kosten auf alle Teilnehmer der Fahrt verteilt werden. Wichtig ist, dass alle Insassen das gleiche Ziel haben, oder die jeweiligen Ziele auf einer Route liegen. Vereinfacht kann Ridesharing als Gruppen-Taxi beschrieben werden. Dadurch ist die Fahrt für jede einzelne Person günstiger als in einem eigenen Taxi oder dem privaten Pkw. Ridesharing kombiniert die Flexibilität eines privaten Autos mit den Kostenvorteilen von routenabhängigen Systemen, wie z.B. Bus oder Bahn. Als Resultat können Reisekosten, Reisezeit und Kraftstoffverbrauch minimal gehalten werden.[62] Erste Formen dieser Mobilität wurden in den USA während des zweiten Weltkrieges eingeführt, um Kraftstoff zu sparen. Durch die Digitalisierung und Verbreitung des Smartphones gibt es heute diverse Anbieter, die dieses Konzept in die heutige Zeit übertragen haben.[63] Seit diesem Jahr ist in Hannover und Hamburg der Dienstleister MOIA vertreten, welcher genau dieses Konzept verwendet. Als Tochterfirma von Volkswagen (VW) werden umgebaute Elektro-Transporter von VW als Transportmedium für die Kunden verwendet. Diese können per Applikation ihren Standort und das gewünschte Ziel eingeben, daraufhin berechnet MOIA wo der Kunde idealerweise zusteigen kann und welche Kosten durch die Fahrt entstehen. Ihr Versprechen ist, dass ein Kunde nie mehr als insgesamt 250m zur nächsten MOIA Haltestellte und von der Haltestelle zum Ziel laufen muss.[64] Dieses Konzept ist auf dem deutschen Markt noch sehr neu und wird erst in den nächsten Jahren in mehreren Städten in Erscheinung treten.

---

[62] Furuhata et al. (2013), S. 28
[63] Furuhata et al. (2013), S. 29 f.
[64] MOIA (2019), o.S.

3.1.2 Ride-Hailing

Uber und Lyft sind mittlerweile zwei der wertvollsten Unternehmen in der Transportindustrie, und beide Geschäftsmodelle sind dem Ride-Hailing zuzuordnen. Dabei werden Kunden über eine Plattform mit Dienstleistern zusammengebracht, die den Kunden von A nach B fahren. Das Konzept gleicht dem des Taxis, allerdings versorgen Uber und Lyft ihre Kunden mit Echtzeitinformationen über beispielsweise Wartezeiten und vereinfachen die Zahlung durch das Integrieren von Diensten wie PayPal.[65] Soziale Netze und Fortschritte der Digitalisierung ermöglichen die Kommunikation zwischen Fahrer und Passagier, wodurch Applikations-basierte Transportplattformen entstanden sind. Unternehmen wie Uber ermöglichen es privaten Personen ihre nicht genutzten Ressourcen, hier den eigenen Pkw, als Teil einer Dienstleistung anzubieten und somit ein weiteres Einkommen zu erzielen. Hauptberufliche Tätigkeiten dieser Art sind mittlerweile auch verbreitet. Für Kunden bedeutet dies einen praktischen und kostengünstigen Zugang zu angebotenen Ressourcen. Taxifahrer stehen in starkem Konkurrenzkampf mit Anbietern der neuen Mobilitätskonzepte.[66] Ihnen ist es aufgrund hoher Nebenkosten nicht möglich, mit den Preisen von Uber und Co. zu konkurrieren. Aus diesem Grund wurden in Europa, beim Eintritt in den Europäischen Markt, diverse Klagen gegen Uber eingereicht, welche letztendlich zu einem Gerichtsurteil gegen Uber geführt haben.[67] Die Gesetzeslage macht den Einstieg von Unternehmen mit innovativen Konzepten wie Uber hierzulande nur langsam möglich. Deshalb ist Ride-Hailing global betrachtet zwar ein großes Thema, in Deutschland allerdings noch nicht. Eine Analyse von Ride-Hailing Nutzern in Denver hat, entgegen der Behauptung der Unternehmen, ergeben, dass diese Angebote zu einem Anstieg an Meilen, welche mit einem Fahrzeug zurückgelegt werden, von 83,5 % führen.[68] Ein Hauptgrund dafür sind die zusätzlichen Strecken: Fahrt zu Kunde A, Fahrt von Zielort Kunde A zu Kunde B. Somit führen diese Angebote zu keiner Entlastung des Verkehrs oder der Umwelt, sondern erhöhen den Einfluss sogar.

---

[65] Young & Farber (2019), S. 383
[66] Guo et al. (2018), S. 1
[67] Geradin (2015), S. 1
[68] Henao & Marshall (2018), S. 1

3.2 Vor- und Nachteile von Carsharing

Ein Hauptvorteil von CS ist, dass Nutzer nicht mehr unbedingt das finanzielle Risiko eines privaten Pkw eingehen müssen, aber dennoch von den Vorzügen eines Autos profitieren können. Der Anschaffungspreis von privaten Pkw ist sehr unterschiedlich, ein Pkw der Kompaktklasse steigt schnell über 10.000 €, andere Modelle liegen jenseits der 30.000 €. Ein derartiges Investment ist für Familien oder Privatpersonen nicht immer leicht zu stemmen, wodurch möglicherweise Einsparungen in anderen Bereichen des Lebens gemacht werden müssen. Durch geringe Anmeldegebühren[69] ermöglicht CS unabhängige Mobilität ohne substantielle finanzielle Bindung. Der niedrige Preis bildet für viele Nutzer das Hauptmotiv.[70] Aufgrund der effizienteren Fahrzeugnutzung durch das Teilen eines Fahrzeuges wird zudem die städtische Verkehrslage verbessert und die Kilometeranzahl durch mobilen Individualverkehr (MIV) reduziert. Dies führt ebenfalls zu einer Reduzierung der Umweltbelastung. Außerdem können Lücken im öffentlichen Nahverkehr geschlossen werden. Der Verzicht auf einen privaten Pkw wird somit erleichtert und umweltschonender Verkehr unterstützt.[71] Aus der effizienteren Nutzung der verfügbaren Ressourcen resultiert ein geringerer Bedarf zusätzlicher Ressourcen, was ebenfalls als positive Auswirkung auf die Umwelt darzustellen ist. Dieser Effekt auf die Umwelt setzt voraus, dass die eingesparten Ressourcen nicht anderweitig investiert und verwendet werden, was die positive Auswirkung verringern würde.[72] Untersuchungen in Europa haben gezeigt, dass der CO2-Ausstoß eines CS-Mitglieds durch die Nutzung des Services um 39% bis 54% gesunken ist.[73] Die Verringerung der Umweltbelastung hat auch die deutsche Bundesregierung erkannt und im September 2017 ein Gesetz verabschiedet. Dadurch erhalten CS-Fahrzeuge finanzielle Entlastungen, durch beispielsweise geringere Parkgebühren.[74]

---

[69] car2go (2019), o.S.
[70] EBS Business School (2013), S. 44
[71] Rid et al. (2018), S. 7
[72] Witzke (2016), S. 8
[73] Shaheen & Cohen (2013), S. 8
[74] Busch et al. (2019), S. 32

Weitere Maßnahmen der Politik, welche die Mobilität ohne eigenen Pkw fördern, bzw. die Attraktivität des eigenen Pkw negativ beeinflussen, können die Verbreitung von CS unterstützen.[75] Eine Erhöhung der Parkgebühren oder Parkraumverknappung wären dafür beispielsweise geeignet. Die daraus freiwerdenden Flächen können wirtschaftlich, für andere Fortbewegungsmittel oder für Freizeitaktivitäten genutzt werden.

Allerdings ist zu erwähnen, dass es durch die Einführung von CS-Fahrzeugen, um die zukünftige Verkehrsbelastung zu reduzieren, zu einem temporären Anstieg der Belastung durch die gestiegene Anzahl an Pkw kommen kann. Des Weiteren steigen möglicherweise Nutzer des öffentlichen Verkehrs durch die attraktiven Angebote auf CS um und verringern dadurch den positiven Effekt auf die Umwelt und den Verkehr in Ballungsräumen. Somit würde CS nicht ausschließlich als Ergänzung zum öffentlichen Verkehr agieren, sondern auch als Konkurrent.[76] Das Öko-Institut und das Institut für sozial-ökologische Forschung haben 2018 eine Untersuchung veröffentlicht, welche diesen negativen Effekt allerdings nicht belegen konnte und dem CS keinen Einfluss auf die ÖV-Nutzung attestiert.[77] Allerdings wird der positive Effekt auf die Umwelt auch hier in Frage stellt. Im Rahmen der Untersuchung wurde das Mobilitätsverhalten von jungen Erwachsenen car2go-Nutzer beobachtet. Zwar zeigt das Ergebnis der Studie, dass CS zu einer Reduzierung der privaten Pkw führt. Allerdings zeigte sich ebenso, dass viele jüngere Personen den Service als Übergangslösung nutzen und die Absicht haben in Zukunft ein eigenes Auto zu erwerben. Das Angebot von car2go bietet eine kostengünstige Alternative, welche verwendet wird, solange die finanziellen Mittel noch nicht für einen eignen Pkw ausreichen.[78] Da diese Nutzer früheren Zugang zu einem Pkw erhalten erhöht sich ihr MIV, was eine höhere Umweltbelastung als Folge hat.

Bei der detaillierteren Betrachtung der Vor- und Nachteile muss zwischen P2P und B2C unterschieden werden, da die Konzepte sich unter anderem bei der Preisgestaltung unterscheiden und somit unterschiedliche Anwendungsbereiche abdecken. Im Bereich des P2P-Carsharings setzt jede Person einen individuellen Preis für die Nutzung seines Pkw fest. Somit entsteht eine relativ variable Preisspanne, aus der sich Nutzer ein passendes Angebot aussuchen können.

---

[75] Öko-Institut e.V. & ISOE (2018), S. 118
[76] Tils, Rehaag & Glatz (2016), S. 89
[77] Öko-Institut e.V. & ISOE (2018), S. 118
[78] Öko-Institut e.V. & ISOE (2018), S. 118

Durch die problematische Verkehrslage in vielen Städten lassen immer mehr Personen den privaten Pkw stehen. Um dennoch Nutzen aus dem Eigentum zu ziehen und die hohen laufenden Kosten zu decken, sind viele Personen gewillt, ihr Fahrzeug anderen für einen gewissen Preis zur Verfügung zu stellen. Zudem ist es im P2P-Bereich ebenfalls möglich, mit dem Eigner des Fahrzeuges eine längere Nutzung zu vereinbaren (z.B. eine Woche). Durch ein Bewertungssystem auf der jeweiligen Plattform können sich Mieter und Vermieter über den Gegenüber informieren, und somit problematische Kunden frühzeitig erkennen. Voraussetzung ist, dass beide Seiten bereits vertrauenswürdige Bewertungen auf ihrem Profil erhalten haben. Ein Nachteil dieses Konzeptes ist, dass der private Mieter des Pkw für Kraftstoff aufkommen muss, wodurch sich die Kosten der Nutzung erhöhen. Zudem kann der Vermieter die laufenden Kosten des Pkw (Versicherung, Zulassung, Wartung, etc.) nicht auf eine große Anzahl an Fahrzeugen verteilen, wodurch der Mietpreis in die Höhe getrieben wird.

Wie bereits zuvor erwähnt, wird im B2C-Bereich zwischen „free floating" und stationsbasiert unterschieden. Der große Vorteil der „free floating" Fahrzeuge ist die große Flexibilität. Die Fahrzeuge stehen innerhalb des definierten Nutzungsgebietes und Nutzer können diese überall auf einem verfügbaren Parkplatz abstellen. Somit sind ebenfalls Einwegfahrten möglich. Das Fahrzeug muss also nicht zu seinem ursprünglichen Ort zurückgebracht werden. Strafen für eine Überschreitung der zuvor gewählten Mietzeit entfallen hier, da vor Fahrtantritt keine Angaben über Dauer und Länge der Fahrt gemacht werden müssen. Ein verfügbares Fahrzeug kann schnell und einfach über eine Applikation auf dem Smartphone lokalisiert werden. Die Nutzungskosten sind transparent, da lediglich eine Minutenpauschale abgerechnet wird. Diese variiert je nach Art und Klasse des Fahrzeuges.[79] Allerdings ist zu erwähnen, dass die Abrechnung allein über Zeittarife zu einer unökonomischen Fahrweise der Nutzer führen kann, da diese versuchen, die Strecke so schnell wie möglich zurückzulegen.[80] Alle Kosten, welche durch die Nutzung eines Pkw anfallen (Kraftstoff, Versicherung, Wartung, etc.) werden von dem Anbieter getragen. Aufgrund der zeitabhängigen Abrechnung können längere Fahrten sehr teuer werden, da Anbieter oft ab einer bestimmten Kilometeranzahl eine zusätzliche Gebühr berechnen. Laut einer Studie der EBS Business School (2013) weisen „free floating" Angebote eine deutlich kürzere Nutzungszeitspanne auf als

---

[79] car2go (2019), o.S.
[80] Rid et al. (2018), S. 93

stationsbasierte Angebote. Zudem wird die stationsbasierte Alternative als deutlich preiswerter von Nutzern wahrgenommen.[81] Im Vergleich zum klassischen Mietwagenverleih ist die Auswahl an Modellen bei „free floating" Anbietern relativ gering. DriveNow bietet beispielsweise eine Auswahl an Fahrzeugen aus der Kompaktklasse an, wie z.B. den X1 oder Mini, allerdings kein Fahrzeug aus dem Premiumsegment, wie z.B. die BMW 7er-Reihe.[82] Dieser Umstand ist durch den Einsatzbereich der Fahrzeuge zu begründen. Der Operationsbereich der Fahrzeuge befindet sich hauptsächlich in der Stadt. Hier ist ein kleiner kompakter Pkw sinnvoller. Im Gegensatz dazu bietet stationsbasiertes CS hier etwas mehr Freiraum und Abwechslung. Cambio bietet in Bremen beispielsweise von der Kompaktklasse bis zum Transporter verschieden Modelle hauptsächlich von Ford an.[83] Nutzer haben somit die Möglichkeit, die Auswahl des Pkw an ihre Bedürfnisse anzupassen. Für einen Umzug kann ein Transporter angemietet werden, und für die kurze Fahrt zum Supermarkt ein kompaktes Fahrzeug. Ein weiterer Vorteil beider CS-Konzepte ist, dass Nutzer verschiedene Antriebskonzepte ausprobieren und erleben können. So sind Elektroautos im Carsharing relativ verbreitet, wodurch Kunden in den Kontakt mit aufstrebenden Technologien kommen. Speziell stationsbasierte Anbieter haben eine gute Möglichkeit diese Fahrzeuge zu integrieren, da an den festen Stationen Ladesäulen installiert werden können. Somit werden die Fahrzeuge während sie für den nächsten Kunden bereit stehen direkt geladen. Ein Hauptvorteil des Einsatzes von Elektroautos ist die Reduzierung der Treibhausemissionen und die damit einhergehende Verringerung der Umweltbelastung.[84] Zusätzlich verringern sich die Kosten für den Anbieter, da Fahrzeuge mit einem E-Motor einen deutlich geringeren Wartungsaufwand aufweisen. Aufgrund der relativ hohen Anschaffungskosten von Elektroautos werden diese erst bei erhöhter Nutzung rentabler, als Fahrzeuge mit Verbrennungsmotoren.[85] Diese erhöhte Nutzung ist beim CS gegeben.

---

[81] EBS Business School (2013), S. 3
[82] DriveNow (2019), o.S.
[83] Cambio CarSharing (2019a), o.S.
[84] Öko-Institut e.V. & ISOE (2018), S. 120
[85] ADAC (2019), S. 1 ff.

3.3 Barrieren von Carsharing

Obwohl die ansteigenden Zahlen sehr vielversprechend sind, gibt es dennoch einige Barrieren, die es bei der Einführung von Carsharing zu überwinden gilt. Ein Problem ist, dass die meisten kommerziellen CS-Anbieter lediglich in Ballungsräumen operieren, da hier ein größeres Marktpotential durch die hohe Bevölkerungsdichte besteht.[86] Dementsprechend ist die CS-Nutzung in ländlichen Gebieten noch wenig verbreitet. Allerdings ist laut Wappelhorst et al. (2014) in ländlichen Regionen die Akzeptanz Carsharing-Angeboten gegenüber genauso ausgeprägt wie in urbanen Regionen.[87] Aufgrund der geringen Einwohnerzahl ist es dort schwieriger, CS zu etablieren, obwohl das Interesse prinzipiell hoch ist. Eine weitere Barriere, welche bei der Verbreitung von CS überwunden werden muss, ist die Resistenz von individuellen Personen gegen Veränderung im Hinblick auf Mobilitätsroutinen. Die Entscheidung, welche Art der Mobilität im Alltag verwendet wird, wird nicht täglich neu evaluiert und entschieden, sondern durch Routine bestimmt.[88] Ein Alltagsablauf ohne Routinen wäre gar nicht möglich, da das ständige Abwägen aller Alternativen bei jeder Mobilitätsentscheidung zu viel Zeit in Anspruch nehmen würde.[89] Das Aufbrechen dieser Gewohnheiten gelingt meist nur durch bestimmte Veränderungen in der Umgebung, wie z.B. ein Umzug. Die zuvor gebildeten Routinen müssen neu zusammengesetzt werden und sind somit offen für zuvor nicht beachtete Mobilitätsalternativen.[90] Die Auswahl der Mobilitätsalternativen erfolgt hauptsächlich auf Grundlage von harten Faktoren wie Kosten, Zeit oder Flexibilität.[91] Bei der Analyse der Wahlmöglichkeiten wird in der Literatur oft das Prinzip des homo oeconomicus angewendet, welcher eine rationale Entscheidung auf Grundlage von allen benötigten Informationen ohne jegliche externen Restriktionen trifft. Im Gegensatz dazu kann der Entscheidungsprozess eines realen Menschen nicht demselben Muster folgen, da diese Person Einschränkungen unterliegt. Zeit, Ressourcen und kognitive Fähigkeiten beeinflussen unter anderem die Wahl der Mobilität.[92] Das Konzept der „begrenzten Rationalität" ist hier besser anzuwenden, welches besagt, dass eine Alternative gewählt wird, sobald eine gewisse Nutzenschwelle

---

[86] Shaheen & Cohen (2007), S. 81
[87] Wappelhorst et al. (2014), S. 384
[88] Rid et al. (2018), S. 8 f.
[89] Harms, Lanzendorf & Prillwitz (2007), S. 744
[90] Franke (2001), S. 174 f.
[91] Zwick (2013), S. 87 f.
[92] Rid et al. (2018), S. 9

(Zufriedenstellung) überschritten wird und nicht erst wenn die jeweilige Alternative das Nutzenmaximum erreicht.[93] Eine der größten Barrieren bei potentiellen Kunden ist die Befürchtung ihre spontane individuelle Mobilität zu verlieren. Dies kann verstärkt werden, falls CS-Stationen nicht in der näheren Umgebung vorhanden sind und die Anbindung an den öffentlichen Verkehr ebenfalls lückenhaft ist. Die mobile Autonomie wird durch externe Faktoren eingeschränkt und im Vergleich zum privaten Auto zunächst als negative Entwicklung wahrgenommen.[94]

Zudem muss erwähnt werden, dass Carsharing-Angebote erst profitabel sind, sobald eine gewissen Anzahl an Nutzern vorhanden ist.[95] Dies liegt hauptsächlich an den Marketing- und Administrations-Kosten, welche auf genügend Fahrzeuge und Nutzer verteilt werden müssen, um einen wettbewerbsfähigen Preis für Mobilität bieten zu können.[96] Durch unzureichende Auslastung kann es für einen neuen Anbieter ohne großes Kapital schwer werden, einen potentiellen Markt zu erschließen.

3.4 Marktanalyse in Deutschland

Wie der Abbildung 2 zu entnehmen ist, haben stationsunabhängige CS-Angebote deutlich höhere Nutzerzahlen als stationsbasierte Angebote, obwohl diese erst später in den Markt eingetreten sind. Im Bereich der stationsunabhängigen Angebote gab es zwei große Anbieter, welche den Markt beherrscht haben. Diese sind DriveNow und car2go. Wie bereits erwähnt ist DriveNow aus einer Kooperation von BMW und Sixt entstanden und car2go aus Daimler und Europcar und haben sich unter dem Namen ShareNow zusammengeschlossen.[97] [98] Damit agiert der Anbieter ShareNow als Marktführer und besitzt deutschlandweit aktuell keine ernstzunehmende Konkurrenz in dem Segment des stationsunabhängigen CS.[99] Im Bereich der stationsbasierten CS-Anbieter ist der Markt deutlich unübersichtlicher. Ungefähr 124 verschiedene Anbieter operieren deutschlandweit. Viele dieser Anbieter konzentrieren sich allerdings auf bestimmte Regionen. Dennoch haben sich

---

[93] Gigerenzer & Selten (2002), S. 4
[94] Tils & Rehaag (2017), S. 184
[95] Frost & Sullivan (2010), S. 30
[96] Brook (2004), S. 2
[97] Kopp, Gerike & Axhausen (2013), S. 213
[98] Wang, MacKenzie & Cui (2017), S. 3
[99] Busch et al. (2019), S. 29

einige Anbieter mit überregionalen Angeboten durchgesetzt. Einer dieser Anbieter ist Flinkster, welcher Teil der Deutschen Bahn AG ist. Dabei fungiert Flinkster als Netzwerk aus vielen kleineren CS-Anbietern, wie book-n-drive oder teilAuto. Rund 3.650 Fahrzeuge stehen den ca. 300.000 Kunden zur Verfügung, wodurch Flinkster das größte stationsbasierte CS-Netzwerk besitzt. In der Rangfolge liegt stadtmobil mit knapp 52.000 Kunden und 1.900 Fahrzeugen auf dem zweiten Platz. Schätzungsweise ist stadtmobil in 180 Orten vertreten. Bei diesem Unternehmen handelt es sich um einen Zusammenschluss aus acht verschiedenen regionalen Anbietern. Kunden können so die Fahrzeuge jedes Anbieters, welcher Teil von stadtmobil ist, nutzen. Das drittgrößte CS-System betreibt Cambio. Ungefähr 61.400 Kunden können in 21 verschiedenen Orten über 1.400 Fahrzeuge verfügen.[100] Diese Daten beziehen sich auf B2C-Konzepte, im Folgenden wird auf den P2P-Markt eingegangen.

Dieser Markt ist hauptsächlich durch zwei Unternehmen geprägt. Zunächst ist SnappCar zu nennen, welches mit ca. 15.000 Fahrzeugen und ca. 150.000 Kunden die größten Zahlen vorzuweisen hat. Ursprünglich agierte das Unternehmen unter dem Namen tamyca, wurde allerdings im August 2017 von dem Anbieter SnappCar übernommen. Der Hauptkonkurrent ist mit 5.000 Fahrzeugen und 140.000 Nutzern der Anbieter Drivy. Mercedes ist seit Anfang 2017 mit Croove ebenfalls in diesem Segment vertreten und hat durch die finanziellen Mittel des Konzerns das Potential, aktuelle Marktanteile in Zukunft zu verändern.[101]

3.5 Kostenvergleich Carsharing vs. Mietwagen oder Leasing

Der Unterpunkt 3.2 beschreibt unter anderem die finanziellen Vorteile der CS-Nutzung für den normalen Bürger. Dieser ökonomische Vorteil wird nun durch einen Kostenvergleich veranschaulicht. Zunächst wird ein Vergleich zwischen einem Mietwagen- und einem CS-Angebot vollzogen. Dies veranschaulicht, ob CS bereits bestehenden Mobilitätskonzepten, bei denen der Pkw nicht in Privatbesitz ist, in finanzieller Hinsicht überlegen ist. Im Anschluss zeigt ein Vergleich zwischen CS und einem Leasing-Angebot, in welchem Nutzungsbereich CS dem privaten Pkw durch Leasing vorzuziehen ist. Die klassische Miete eines Fahrzeuges wird oft mit Carsharing verglichen, obwohl die Konzepte sich in einigen Punkten deutlich unterscheiden. So sind die CS-Fahrzeuge beispielsweise jederzeit an einer Vielzahl an

---

[100] Busch et al. (2019), S. 30 ff.
[101] Busch et al. (2019), S. 33 f.

Stationen verfügbar. Ein Mietwagen hingegen kann nur an einer geringen Anzahl an Stationen abgeholt werden und der Kunde ist dabei an die jeweiligen Öffnungszeiten gebunden. Zudem ist es im Rahmen von CS möglich, ein Fahrzeug lediglich für eine kurze Zeitspanne zu buchen. Bei einem Mietwagen gibt es in der Regel festgelegte Zeiträume, welche die Buchung bestimmen. So muss ein Auto mindestens für einen kompletten Tag gebucht werden.[102] Weitere Unterschiede sind im Bereich der Verträge oder der Art der Abrechnung festzustellen. Beispielsweise wird bei einem Mietwagen für jede Buchung ein neuer Mietvertrag abgeschlossen. Im Bereich des CS besteht ein permanent gültiger Rahmenvertrag für alle Buchungen. Benötigt ein Kunde ein Fahrzeug lediglich für zwei Stunden, so ist ein Mietwagen aus den genannten Gründen nicht praktikabel. Im Folgenden wird ein Kostenvergleich zwischen Carsharing und einem Mietwagen erstellt, um zu verdeutlichen wie groß die finanziellen Unterschiede der beiden Angebote tatsächlich sind.

Die Nutzungsmotive werden in diesem Kostenvergleich nicht berücksichtigt. Für den Vergleich wurden die Unternehmen Sixt (Autovermietung) und Cambio (CS-Anbieter) verwendet. Die Preise eines Mietwagens bei Sixt werden durch verschiedene Kriterien, wie Abholstation, Versicherung, Alter des Fahrers, Fahrzeugkategorie oder Zahlungsmittel, beeinflusst. Wird der Pkw beispielsweise an einem Bahnhof oder Flughafen abgeholt, wird bereits ein Aufschlag von 24% erhoben.[103] Um ein möglichst transparentes und repräsentatives Ergebnis zu erhalten, wird hier der günstigste verfügbare Preis einer Fahrzeugkategorie verwendet. Bei Sixt, als auch bei Cambio wurden Kleinwagen für den Vergleich ausgewählt. Wie bereits erwähnt ist ein Unterschied, dass ein Mietwagen mindestens einen kompletten Tag gebucht werden muss. Somit sind bei Sixt bereits von Beginn an hohe Kosten zu veranschlagen. Allerdings sind danach lediglich Kosten für den verbrauchten Kraftstoff pro Kilometer zu berücksichtigen. Sixt verlangt für einen 5-Türer aus der Kompaktklasse 79,00 € pro Tag.[104] Da Sixt nur Fahrzeug-Kategorien anbietet und kein spezifisches Modell, kann der tatsächliche Verbrauch hier nicht exakt bestimmt werden. Aus diesem Grund wird ein Richtwert von sechs Litern auf 100 Km verwendet. Ein vergleichbares Auto bei dem CS-Anbieter Cambio (Ford Fiesta) kostet beim Aktiv-Tarif pro Stunde 1,70 € und pro gefahrenen Kilometer 0,23 €. Sollte die Kilometeranzahl 100 übersteigen, fallen nur noch Kosten in Höhe von 0,16 € an.

---

[102] Rid et al. (2018), S. 3
[103] Sixt (2019a), o.S.
[104] Sixt (2019c), o.S.

Bei Verwendung des Aktiv-Tarifes müssen zwar monatliche Gebühren von 10 € gezahlt werden, diese Ausgaben rentieren sich allerdings schnell aufgrund der deutlich geringeren Stunden- und Kilometerkosten. Cambio beschreibt diesen Tarif als „optimale Lösung" für ihre Kunden, weshalb eben dieser für den Kostenvergleich herangezogen wird. Es wird davon ausgegangen, dass sich die monatlichen Kosten auf eine Vielzahl von monatlichen CS-Nutzungen verteilt, wodurch der Kosteneinfluss pro Fahrt minimal ist. Eine Anmeldegebühr von 30 € muss ebenfalls entrichtet werden, da es sich hier aber um eine einmalige Zahlung handelt, werden diese Kosten in der Berechnung nicht berücksichtigt.[105] Als Benzinpreis wird 1,45 €/l veranschlagt. Die folgenden Grafiken stellen die Ergebnisse dar:

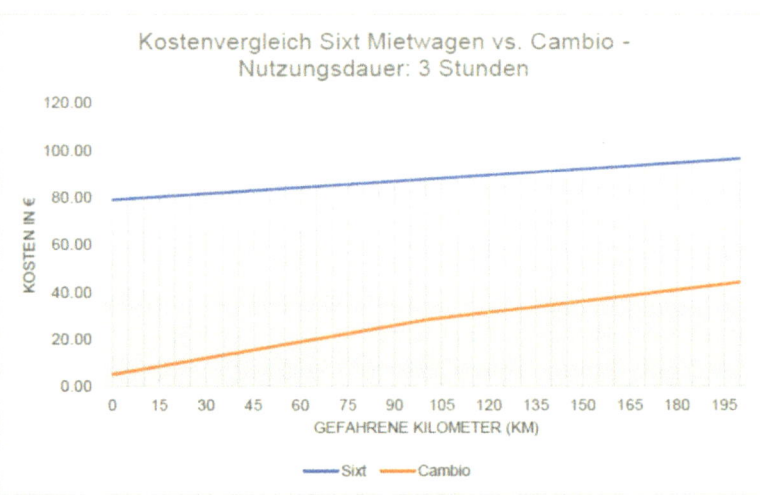

Abbildung 3: Kostenvergleich Sixt Mietwagen vs. Cambio – 3 Stunden
(Quelle: Eigene Darstellung in Anlehnung an Cervero & Tsai (2003), S. 14)

---

[105] Cambio CarSharing (2019b), o.S.

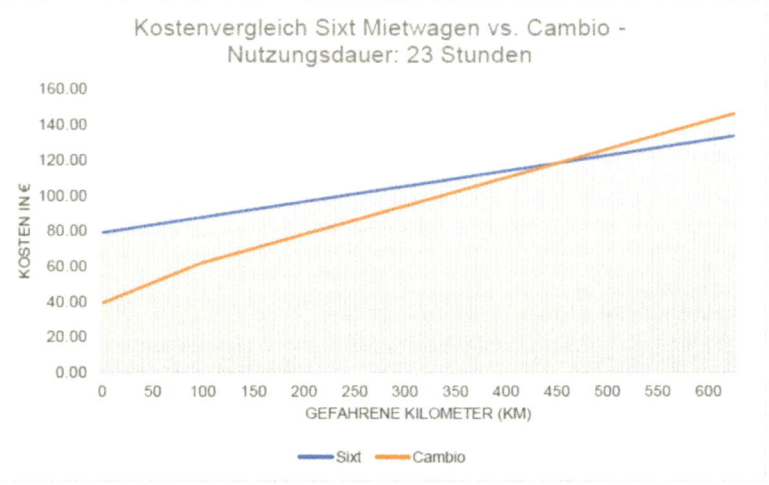

Abbildung 4: Kostenvergleich Sixt Mietwagen vs. Cambio - 23 Stunden
(Quelle: Eigene Darstellung in Anlehnung an Cervero & Tsai (2003), S. 14)

Da vor Fahrtantritt bei Cambio die Buchungslänge angegeben werden muss, fallen Kosten nach dem Stundentarif bereits zu Beginn an. Dementsprechend beginnt die Kostenlinie des Angebotes nicht bei 0. Die Kosten für den Mietwagen sind als Fix-Kosten anzusehen und entstehen ebenfalls direkt bei der Buchung vor Fahrtantritt. Der Anstieg der Kostenlinie basiert auf den Kosten pro Kilometer. Aus Abbildung 3 geht hervor, dass CS bei einer Nutzungsdauer von 3 Stunden die deutlich günstigere Alternative ist. Die Kosten eines Mietwagens steigen zwar mit einer geringeren Rate als die Kosten des CS-Fahrzeugs, allerdings sind die initialen Buchungskosten des Mietwagens sehr hoch. Erst bei einer Nutzungsdauer von 23 Stunden und einer Kilometerleistung von ca. 450 Km, schneiden sich die Kostengeraden der beiden Varianten (siehe Abbildung 4). Daraus geht hervor, dass CS im Alltag deutlich günstiger ist als ein Mietwagen.

Angaben zu dem Mobilitätsverhalten der deutschen Bevölkerung sind dem Kurzreport über die Mobilität in Deutschland (2019) zu entnehmen. Dieser wurde von dem Institut für angewandte Sozialwissenschaft GmbH (infas), im Auftrag des Bundesministers für Verkehr und digitale Infrastruktur, erstellt. Demnach legt jeder Bürger durchschnittlich eine tägliche Strecke von 37 Km zurück und benötigt dafür ca. 80 Minuten. Diese Gesamtstrecke wird durchschnittlich in 3,1 Wegen pro Tag zurückgelegt.[106] Daraus resultiert eine Geschwindigkeit von 0,4625 Km/min und 27,75 Km/h. Berücksichtigt man diese Daten, ist die Nutzung eines Pkw für zwei Stunden an einem Tag theoretisch ausreichend, um den Mobilitätsbedarf zu decken. Bei Betrachtung der Grafiken besitzt CS bei dieser Nutzungsdauer deutliche finanzielle Vorteile (siehe Abbildung 3). Sollte die Miete des Fahrzeuges einen Tag übersteigen, ist ein Mietwagen die günstigere Alternative, da der Preis pro Tag dann deutlich sinkt. Das gleiche Fahrzeug kostet dann bei Sixt lediglich ca. 35,99 € pro Tag.[107]

Leasing-Angebote sind eine weitere Möglichkeit einen Pkw ohne hohe Anschaffungskosten zu nutzen. Grundlage des folgenden Kostenvergleichs ist ein Leasing-Angebot für einen Ford Fiesta (5-Türer, Verbrauch: 5,1 l/100 Km, Laufleistung: 15.000 Km/Jahr, Vertragslaufzeit: 36 Monate) von 143,15 €/Monat. Dieses Angebot stammt von Sixt Leasing und ist ca. 40 € günstiger als ein vergleichbares Angebot von Ford.[108] [109] Die oben genannten Kosten für einen Ford Fiesta von Cambio bleiben gleich. Da laut dem infas (2019) der durchschnittliche Bürger eine tägliche Strecke von 37 Km bewältigt, ist eine Laufleistung von 13.505 Km pro Jahr zu erwarten. Um die Strecke von 37 Km täglich zu bewältigen, werden durchschnittlich 80 Minuten benötigt.[110] Bei der hier vollzogenen Betrachtung wird davon ausgegangen, dass die Person diesen Weg ausschließlich mit dem Auto zurücklegt und keine öffentlichen Verkehrsmittel in Anspruch nimmt. Die benötigte Zeit von 80 Minuten resultiert in einer täglichen Cambio-Abrechnung von 1,5 Stunden. Die Laufleistung des Leasing-Angebotes erfüllt die jährliche Anforderung von 13.505 Km. Eine Sonderzahlung zu Beginn des Leasing-Vertrages muss nicht getätigt werden, es fallen allerdings 660,70 € an Überführungsgebühren an. Da es sich hier um eine einmalige Zahlung handelt, welche auf 36 Monate verteilt werden kann, wird ein Betrag von 18,35 € pro Monat zu den Kosten addiert. Neben den monatlichen Kosten ist der Kraftstoffverbrauch zum oben genannten Benzinpreis berücksichtigt. Die Kostenkurve des Cambio Angebotes beinhaltet nun auch die monatlichen Tarifkosten von 10 €. Weshalb die Grafik an Tag 0 bereits Kosten aufweist. Die folgende Abbildung stellt den Kostenvergleich dar:

---

[106] Follmer & Gruschwitz (2019), S. 8
[107] Sixt (2019a), o.S.
[108] Sixt (2019b), o.S.
[109] Ford (2019), o.S.
[110] Follmer & Gruschwitz (2019), S. 8

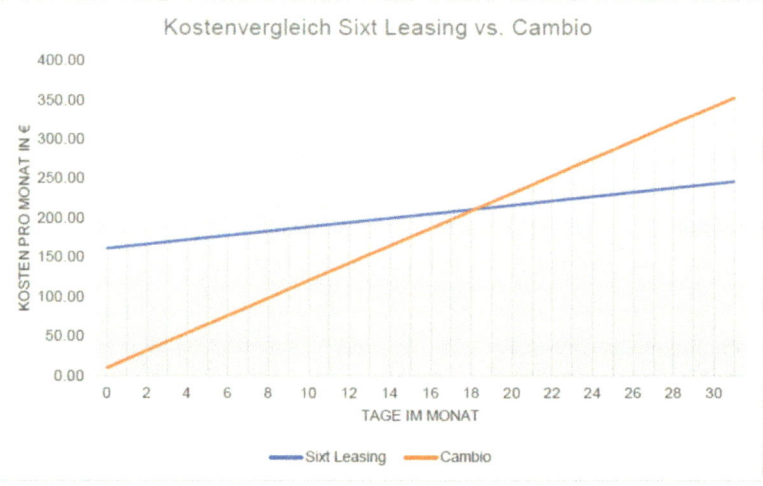

Abbildung 5: Kostenvergleich Sixt Leasing vs. Cambio
(Quelle: Eigene Darstellung)

Aus Abbildung 5 geht hervor, dass die monatlichen Fix-Kosten eines Leasing-Angebotes zwar deutlich höher sind als beim CS. Allerdings steigen die Kosten von CS durch die tägliche Nutzung von 1,5 Stunden und 37 Km deutlich schneller an als die Kosten des Leasing-Fahrzeuges. Als Folge dessen übersteigen die Kosten des Cambio-Fahrzeuges die Leasing-Kosten ca. an Tag 18. des Monats. Daraus resultiert, dass die Nutzung von CS günstiger ist, solange das Fahrzeug durchschnittlich weniger als 18 Tage pro Monat verwendet wird. Sollte die durchschnittliche Nutzung diese 18 Tage im Monat übersteigen, ist es finanziell vorteilhaft einen Leasing-Vertrag abzuschließen. Dabei ist zu berücksichtigen, dass der Leasing-Vertrag eine Laufzeit von drei Jahren hat. Kommt der Kunde beispielsweise nur zwei Mal im Jahr über diese Tagesgrenze, so ist die CS-Nutzung eventuell trotzdem finanziell, über die gesamten drei Jahre gesehen, die bessere Entscheidung. Diese Tagesgrenze verschiebt sich, sobald eine Person ebenfalls öffentliche Verkehrsmittel neben einem Fahrzeug für die tägliche Strecke von 37 Km verwendet. In diesem Fall ist der Schnittpunkt der beiden Kostengeraden zu einem späteren Zeitpunkt im Monat zu erwarten. Dieser Zeitpunkt hängt von der Menge an zurückgelegten Kilometern mit öffentlichen Verkehrsmitteln ab. Angenommen eine Person legt täglich 20 Km mit dem CS-Fahrzeug zurück und die restlichen 17 Km mit öffentlichen Verkehrsmitteln, so schneiden sich die beiden Kostenlinien erst kurz nach Tag 31. Die Nutzung über den gesamten Monat hinweg ist somit bei Verwendung von CS und öffentlichen Verkehrsmitteln günstiger. In dieser Kalkulation sind immer noch 1,5

Stunden als Buchungszeit für das CS-Fahrzeug berücksichtigt. Sollte die Person die 20 Km mit dem CS-Auto in einer Stunde zurücklegen, was auch bei starkem Verkehr sehr gut möglich ist, so bleiben die Kosten durch CS weit unter den Kosten des Leasing-Angebotes. Allerdings werden monatliche Kosten für ein Ticket der öffentlichen Verkehrsmittel anfallen. Sollte es dem Nutzer nicht möglich sein, den täglichen Mobilitätsbedarf innerhalb von 1,5 Stunden zu bewältigen, verschiebt sich der Schnittpunkt der Kostengeraden nach links auf der X-Achse (Tage im Monat). Somit wird das Leasing-Angebot finanziell attraktiver.

Die Kostenvergleiche zeigen, wieso CS in finanzieller Hinsicht unter bestimmten Rahmenbedingungen so attraktiv für viele Personen ist und wie es sich von aktuell verfügbaren Angeboten abhebt. Durch die Kombination aus öffentlichem Verkehr und CS kann der Mobilitätsbedarf kostengünstig und umweltschonend bewältigt werden.

3.6 Umfrage

Um den Einfluss von Carsharing-Angeboten auf deutsche Automobilkonzerne untersuchen zu können, wurde eine quantitative Datenerhebung in Form einer Umfrage durchgeführt. Die Ergebnisse sollen Aufschluss darüber geben, ob CS die Anzahl an privaten Pkw tatsächlich reduziert und welche Faktoren der Mobilität dem durchschnittlichen Bürger bei der Nutzung eines Autos am wichtigsten sind. Mit der Gewichtung dieser Faktoren ist es möglich eine NWA zu erstellen und somit einen Vergleich zwischen dem privaten Pkw und CS-Angeboten zu vollziehen. Damit ist der Fragebogen dem hypothesentestenden Ansatz nachempfunden. Des Weiteren zeigen die Ergebnisse der Umfrage, ob es ein bestimmtes Kundenprofil im Hinblick auf das Alter oder die Bildung gibt. Bei der Konzeption des Fragebogens wurden die zu beachtenden Aspekte (beschrieben in Kapitel 2.1) stets berücksichtigt. Die Umfrage besteht aus 28 Elementen und wurde als Online-Fragebogen erstellt. Hier wurden die Elemente in einem geschlossenen Format konstruiert, da dies die Vergleichbarkeit der Ergebnisse verbessert.[111]

Vor der Veröffentlichung des Fragebogens wurde ein ausführlicher Pre-Test durchgeführt, um mögliche Probleme im Hinblick auf Struktur oder Verständlichkeit auszuschließen. Daraus ergab sich eine ungefähre Bearbeitungsdauer von fünf bis sechs Minuten. Zudem wurden logische Verknüpfungen integriert, wodurch die

---

[111] Porst (2014), S. 55

Validität der erhobenen Daten verbessert wird. Antwortet ein Teilnehmer beispielsweise auf die Frage „Kennen Sie sogenannte Carsharing-Angebote?" mit „Nein", so wird dieser nicht über CS befragt, sondern überspringt diesen Teil. Der Fragebogen ist in drei Abschnitte unterteilt. Zu Beginn befindet sich eine Anrede an den Befragten, in der Anonymität zugesichert und die ungefähre Bearbeitungsdauer erwähnt wird. Daraufhin werden Daten über den Wohnort erhoben. Dies stellt einen klaren Einstieg in die Umfrage für den Teilnehmer dar. Im zweiten Teil werden diverse Fragen zu privater Mobilität mit dem Auto gestellt, sowie Daten bezüglich Carsharing erhoben. Am Ende der Umfrage werden personenbezogene Daten abgefragt, welche Aufschluss über Geschlecht, Bildung und Einkommen der Teilnehmer geben. Dieser Aufbau ist dadurch begründet, dass Personen eher personenbezogene Fragen beantworten, welche sich mit sensitiven Fragen wie Bildung und Einkommen beschäftigen, wenn Sie bereits etwas Zeit in die Bearbeitung der Umfrage investiert haben.[112] Der Aufbau trägt ebenso dazu bei, einen klar erkennbaren Leitfaden in die Umfrage zu integrieren. Im Rahmen des Fragebogens wurden unter anderem dichotome und mehrkategorielle Antwortformate eingesetzt. Zudem wurde stets auf eine klar verständliche und eindimensionale Formulierung der Fragen geachtet. Die Grundgesamtheit dieser Umfrage umfasst die gesamte Bevölkerung Deutschlands, was eine Vollerhebung ausschließt. Da die Ergebnisse der Umfrage aus der Stichprobe auf die Grundgesamtheit übertragen werden sollen, wurde eine zufällige Auswahl der Teilnehmer vollzogen.[113] Es wurde keine Vorauswahl getroffen und jede individuelle Person ist für die Umfrage geeignet. Die Stichprobe umfasst 151 Teilnehmer.

Es ist wichtig zu erwähnen, dass bei der vorliegenden Umfrage nicht von repräsentativen Ergebnissen gesprochen werden kann, da die erhobene Stichprobe an Teilnehmern nicht zwangsläufig die Gesamtbevölkerung in Deutschland wiederspiegelt. Der dafür notwendige Aufwand ist im Rahmen dieser Arbeit nicht zu bewältigen. Dennoch sind die Ergebnisse als zuverlässige Indikatoren zu betrachten. Der gesamte Fragebogen befindet sich im Anhang.

---

[112] Raab-Steiner & Benesch (2015), S. 68
[113] Jacob, Heinz & Decieux (2014), S. 65

3.6.1 Auswertung der Umfrage

Die Stichprobe umfasst 151 Personen, von denen 91,9% ihren Hauptwohnsitz in Deutschland haben und damit passende Teilnehmer der Untersuchung darstellen. Um sicherzustellen, dass die Teilnehmer die Möglichkeit haben CS zu nutzen, wurde zu Beginn der Umfrage abgefragt, ob sie einen Führerschein besitzen. 96,69% der Befragten besitzen einen Führerschein und kommen somit theoretisch für die CS-Nutzung in Frage.

Wie die stark ansteigenden Nutzerzahlen des Bundesverbandes CarSharing e.V. (siehe Abbildung 2) vermuten lassen, besteht aktuell ein enormes Wachstumspotential im Carsharing. Dieses Potential ist ebenfalls in den Ergebnissen der Umfrage zu erkennen. Demnach sind CS-Angebote bereits 90,3% aller Teilnehmer bekannt, allerdings sind nur 26% der Teilnehmer tatsächliche Nutzer. Die restlichen 74% wurden daraufhin gefragt ob sie sich vorstellen können in Zukunft CS zu nutzen und ob sie dieses Konzept grundsätzlich als gut erachten. Dabei hat die klare Mehrheit beiden Aussagen in vollem Umfang zugestimmt. Die Nichtberücksichtigung von CS in der individuellen Mobilität wird hier mit mangelndem Bedarf (61,9%), schlechter Verfügbarkeit (32%) und Unzuverlässigkeit (20,6%) begründet. Der Mangel an Bedarf kann teilweise auf eine mangelnde Informationslage bezüglich der Vorteile von CS oder geringen finanziellem Druck zurückgeführt werden. Aus diesen Ergebnissen lässt sich schlussfolgern, dass eine große Anzahl an potentiellen Kunden besteht, welche bei einer Verbesserung der Hauptkritikpunkte aktiv werden könnten. Bei der Betrachtung der Nutzerzahlen ist der Wohnort zu berücksichtigen, da aktuelle kommerzielle CS-Anbieter meist nur in städtischen Bereichen operieren und Teilnehmer mit einem Wohnort außerhalb der Stadt somit nicht die Möglichkeit haben CS zu nutzen. Eine höhere Nutzerzahl ist in urbanen Regionen zu vermuten. Dies zeigen auch die Ergebnisse der Umfrage, 58% der Teilnehmer wohnen in einer Stadt mit mehr als 100.000 Einwohner, von denen 32% CS bereits nutzen. Bei ländlichen Bewohnern sind es allerdings lediglich 14,29%.

Wie bereits in der Marktanalyse beschrieben, sind car2go und DriveNow die führenden Anbieter im Bereich des stationsunabhängigen CS. Dies deckt sich mit der Analyse der Ergebnisse. Der Bekanntheitsgrad dieser beiden Anbieter (in Zukunft ShareNow) ist mit Abstand am höchsten. Im Bereich der Nutzerzahlen liegt car2go ebenfalls vorne, dicht gefolgt von Cambio. Diese Übereinstimmung mit gängiger Literatur zeigt, dass die Umfrage trotz der relativ kleinen Stichprobe eine valide Aussagekraft hat.

Des Weiteren zeigt die Umfrage, dass es durch CS in der Tat zu einer Reduzierung der privaten Pkw kommt. 30,3% der CS-Nutzer haben aufgrund von CS ein oder mehrere Pkw in ihrem Haushalt abgeschafft. Im Bereich der Neuanschaffung fällt das Ergebnis sogar deutlicher aus. Hier haben 55,88% der CS-Nutzer auf die Anschaffung eines Pkw aufgrund von CS verzichtet. Zwar sind diese beiden Entscheidungen nicht ausschließlich als Folge von CS getroffen worden, laut der Aussage der Teilnehmer hat dieser Aspekt allerdings einen großen Anteil eingenommen. Dem ist hinzuzufügen, dass sich die befragten Nutzer ebenfalls vorstellen können in Zukunft einen weiteren Pkw abzuschaffen. Dabei antworteten 37,5% mit „ja, definitiv" und 37,5% mit „eventuell". Aus diesen Antworten wird klar ersichtlich, dass eine Reduktion der privaten Pkw eine definitive Folge von CS ist. Dieser Fakt deckt sich mit anderen Studien in diesem Gebiet.[114] [115] Somit sind sinkende Absatzzahlen der Automobilkonzerne als Folge zu erwarten.

Zudem ist zu beobachten, dass die Frequenz der Nutzung mit der Abschaffung von Pkw in Zusammenhang steht. So sind Personen, welche CS mindestens monatlich nutzen, eher gewillt einen Pkw abzuschaffen, bzw. verzichten auf die Anschaffung eines Pkw, als Personen mit einer geringeren Nutzungsfrequenz. In Zahlen ausgedrückt, haben 88,24% der Personen mit höherer Nutzungshäufigkeit auf die Anschaffung eines Pkw verzichtet. Bei Personen mit geringerer Nutzung beträgt dieser Wert lediglich 23,5%. Auch diese Beobachtung kann durch eine bereits bestehende Studie des Öko-Instituts, in Zusammenarbeit mit dem Institut für sozial-ökologische Forschung, belegt werden.[116] Gelingt es Anbietern die Nutzungshäufigkeit ihrer Nutzer zu erhöhen, so ist dementsprechend ein stärkerer Einfluss auf den privaten Pkw-Besitz zu erwarten.

Im Bereich der demographischen Daten ist auffällig, dass CS-Nutzer zum Großteil der Altersgruppe von 20 bis 35 Jahren angehören. Zudem besitzen 78,8% der Nutzer einen Universitäts- oder Fachhochschulabschluss. Der typische Nutzer ist demnach ein junger Erwachsener mit guter Bildung, was sich ebenfalls mit bestehenden Studien deckt.[117] Allerdings ist ein Unterschied zu erwähnen. Untersuchungen haben ergeben, dass es deutlich mehr männliche CS-Mitglieder gibt als

---

[114] Loose (2016), S. 11 sowie S. 25
[115] Becker, Heller & Schreier (2015), S. 16
[116] Öko-Institut e.V. & ISOE (2018), S. 117 f.
[117] Becker, Heller & Schreier (2015), S. 32

weibliche.[118] [119] In den Ergebnissen der hier analysierten Umfrage ist dieses Verhältnis ausgeglichen. Bei Betrachtung einer größeren Stichprobe würde sich die Verteilung höchstwahrscheinlich zugunsten der männlichen Teilnehmer verlagern.

Des Weiteren hat jeder Teilnehmer verschiedene Kriterien der Mobilität im Hinblick auf die Verwendung eines Autos gewichtet. Diese Ergebnisse werden für die Durchführung einer NWA verwendet.

3.6.2 Nutzwertanalyse

Die Durchführung der NWA dient als Methode zum objektiven Vergleich verschiedener Mobilitätsalternativen. Hier werden die beiden Varianten des CS, stationsbasiert und „free-floating", der private Kauf eines Pkw und das private Leasing eines Pkw verglichen. Für die Durchführung einer NWA müssen zunächst Kriterien formuliert werden, anhand derer die Alternativen bewertet werden. Die gewählten Kriterien umfassen sämtliche Bereiche von Relevanz und wurden in die durchgeführte Umfrage eingearbeitet. Somit kann die Gewichtung der Kriterien den Ergebnissen der durchgeführten Befragung von 151 Personen entnommen werden. Neben der durchschnittlichen Gewichtung der einzelnen Kriterien ist die Standardabweichung ebenfalls als Ergebnis der Umfrage eingearbeitet. Sinngemäß bedeutet eine hohe Standardabweichung, dass eine größere Streubreite bei den Antworten der Befragten um den Mittelwert herum zu beobachten war als bei einem Kriterium mit geringerer Standardabweichung.[120] Die Bewertung der Erfüllung der Kriterien der einzelnen Mobilitätsalternativen kann nicht anhand festgelegter Dimensionen erfolgen. Das Kriterium der Nutzungskosten ist beispielsweise für „free floating" CS-Fahrzeuge durch eine zeitabhängige Berechnung zu evaluieren, Kosten von stationsbasierten CS-Fahrzeugen basieren auf einer zeit- und kilometerabhängigen Berechnung. Nutzungskosten von privat gekauften Pkw werden durch Wertverlust, Versicherungskosten, variierenden Kraftstoff- oder Strompreisen und anderen Faktoren beeinflusst. Ähnliches gilt für das Leasing-Fahrzeug. Somit können diese Bewertungen nicht auf Basis von einer Dimension durchgeführt werden, wie z.B. Kosten in €/Km. Aus diesem Grund befinden sich im Anhang Tabellen zu jeder Alternative, welche den Erfüllungsgrad der Kriterien erklären. (Anhang 3.-6.) Zudem ist der Tabelle in Anhang 2. zu entnehmen, inwiefern ein Kriterium erfüllt

---

[118] Becker, Heller & Schreier (2015), S. 33
[119] Loose (2016), S. 8
[120] Kohn & Öztürk (2013), S. 67

werden muss, um einen bestimmten Erreichungsgrad zu erhalten. Die Bewertung der einzelnen Varianten wurde nicht in die Umfrage integriert, da hier Personen ohne notwendiges Hintergrundwissen das Ergebnis mit fehlerhafter Einschätzung beeinträchtigen könnten.

ø => Durchschnitt
+/- => Standardabweichung

					Nutzwertanalyse					
					Carsharing ("free floating")		Carsharing (stationsbasiert)		Privater Pkw (Kauf)		Privater Pkw (Leasing)	
Nr.	Kriterium	ø Gewichtung (1-10)	+/-	Erfüllung (1-5)	E * G	Erfüllung (1-5)	E * G	Erfüllung (1-5)	E * G	Erfüllung (1-5)	E * G
1	Nutzungskosten	7,76	2,2	3	23,28	3	23,28	2	15,52	3	23,28
2	Anschaffungskosten	7,82	2,1	5	39,1	5	39,1	1	7,82	3	23,46
3	Service-/Wartungsaufwand	7,34	2,1	5	36,7	5	36,7	2	14,68	2	14,68
4	Umweltfreundlichkeit	7,61	2,3	3	22,83	3	22,83	1	7,61	1	7,61
5	Unkomplizierter Wechsel der Fahrzeugkategorie (Kleinwagen, Transporter, etc.)	5,52	2,9	3	16,56	5	27,6	1	5,52	1	5,52
6	Unkomplizierter Wechsel des Antriebs (Diesel, Hybrid, etc.)	4,82	3	5	24,1	5	24,1	1	4,82	1	4,82
7	Verfügbarkeit	8,43	2	3	25,29	3	25,29	5	42,15	5	42,15
8	Pkw als Statussymbol	3,41	2,6	1	3,41	1	3,41	5	17,05	5	17,05
9	Zeitaufwand für den gesamten Weg	7,24	2,3	4	28,96	3	21,72	5	36,2	5	36,2
10	Flexibilität (keine Kilometerbegrenzung, zeitlich und örtlich unabhängig)	8,27	1,9	3	24,81	2	16,54	5	41,35	4	33,08
	Total				245,04		240,57		192,72		207,85
	Platzierung				1		2		4		3

Tabelle 1: Nutzwertanalyse – Mobilitätsalternativen
(Quelle: Eigene Darstellung)

Der Darstellung ist zu entnehmen, dass die beiden CS-Varianten die ersten beiden Plätze einnehmen. Somit ist CS unter Verwendung dieser Kriterien und der aus der Umfrage erhaltenen Gewichtung die überlegene Alternative. Dies unterstreicht die Attraktivität der Angebote und zeigt auf, warum sich diese steigender Beliebtheit erfreuen. Natürlich kann die Einschätzung für Personen mit einer anderen Gewichtung der Kriterien abweichen.

4 Einfluss auf die Automobilindustrie

In der Vergangenheit verbanden Menschen mit ihrem eigenen Auto eine Art der Autonomie. Diese Bedeutung spiegelt sich bereits im Wort Automobil wider. Autonomie bedeutet selbst bestimmen zu können, was passiert und nicht von einer anderen Person abhängig zu sein. Somit kann Autonomie auch als Freiheit beschrieben werden. Diese Freiheit wird stark durch das Auto symbolisiert, da die erste Erfahrung der unabhängigen Mobilität der meisten Menschen durch das erste eigene Auto geprägt wird. So war es zumindest in älteren Generationen. Die heutige junge Generation ist eher durch den Zugang zum Internet geprägt als durch das Automobil. Für diese Generation ist Freiheit mit der Optimierung des eigenen Lebens, durch den Zugang zu anderen Netzwerken, gleichzustellen. Der Zugang wird wichtiger als eigener Besitz.[121] Diese Entwicklung wird durch eine Umfrage belegt, bei der Autofahrer im Alter zwischen 18 und 24 Jahren befragt wurden. Ein Ergebnis war, dass 46 % der Befragten einen Internetzugang wichtiger als einen eigenen Pkw erachten.[122] Welche Relevanz der jungen Generation im Bereich des CS zuzurechnen ist, zeigt die demographische Analyse der durchgeführten Umfrage. Zudem ist eine Veränderung in der Bedeutung des Automobils zu beobachten. Gerade in der jüngeren Generation verliert das Auto die Bedeutung als Statussymbol und wird eher als reines Fortbewegungsmittel wahrgenommen. Zu diesem Schluss kommen Bratzel und Lehmann (2010) als Resultat ihrer Untersuchung, bei der 1000 Personen im Alter zwischen 18 und 25 Jahren befragt wurden. 25 % der Befragten sehen das Automobil lediglich als Fortbewegungsmittel[123] Die geringere Bedeutung des Pkw als Statussymbol, ist ebenfalls den Ergebnissen der im Rahmen dieser Arbeit durchgeführten Umfrage zu entnehmen. Befragte ordneten diesem Aspekt, mit einem durchschnittlichen Score von 3,41, die geringste Relevanz zu. Dadurch entsteht das Problem für Hersteller, dass Kunden eine geringere emotionale Bindung zum Fahrzeug aufbauen, wodurch wiederum die Kundenloyalität sinkt.[124] Die sinkende Bedeutung des Automobils als Statussymbol bei der jüngeren Generation hat gerade für Premiummarken wie Mercedes, BMW und Audi weitreichende Konsequenzen. Diese Hersteller verlangen einen höheren Preis als Konkurrenten aufgrund von immateriellem Nutzen ihrer Marke, wie z.B. dem Status

---

[121] Rifkin (2014), S. 329 f.
[122] Rifkin (2014), S. 330
[123] Bratzel & Lehmann (2010), S. 41
[124] Diez (2014), S. 448

eines Produktes. Da diese Aspekte allerdings an Relevanz verlieren, muss eine neue Premiumstrategie entwickelt werden, um die Attraktivität der Marke zu gewährleisten.[125]

Carsharing trifft den Nerv der Zeit, da das Konzept den Zugang und nicht den Besitz in den Vordergrund stellt und klare finanzielle sowie ökologische Vorteile besitzt. Die Übereinstimmung des Konzeptes mit den veränderten Kundenbedürfnissen, wird durch die schnell ansteigenden Zahlen aus Abbildung 2 unterstrichen.

4.1 Auswirkungen von Carsharing auf Automobilkonzerne

Automobilkonzerne wie Daimler, VW oder BMW stehen im Moment vier verschiedenen Trends gegenüber, welche die Zukunft dieser Branche entscheidend prägen werden. Diese Trends sind die Elektromobilität, das autonome Fahren, neue Mobilitätskonzepte und die zunehmende Digitalisierung, welche ebenfalls das Internet of Things umfasst. Das traditionelle Geschäftsmodell bestand aus dem Verkauf von Fahrzeugen mit einem Verbrennungsmotor, welche von Käufern privat verwendet werden.[126] Dieses Geschäftsmodell wird nun durch die genannten Trends beeinflusst. Dabei birgt jeder dieser Trends Potentiale für eine Steigerung des Unternehmensgewinns.[127] In dieser Arbeit liegt der Fokus auf dem Trend der neuen Mobilitätskonzepte im Bereich der Sharing Economy.

Wie unter anderem in der Auswertung der Umfrage dargestellt wird, führt die Sharing Economy, in Deutschland vor allem durch Carsharing, zu einer sinkenden Anzahl an privaten Pkw. Diese Entwicklung ist neben Deutschland auch in anderen Ländern Europas und den Vereinigten Staaten von Amerika zu beobachten.[128] Ein CS-Fahrzeug ersetzt durchschnittlich 15 private Pkw.[129] Dieser Rückgang der Nachfrage führt zu geringeren Absatzzahlen der Automobilkonzerne. Als Reaktion auf diese Entwicklung muss die Produktion den neuen Nachfrageverhältnissen angepasst werden. Dies wiederum kann dazu führen, dass weniger Personen in der Produktion beschäftigt werden. Allerdings ist die beschriebene negative Entwicklung bei Betrachtung der Absatzzahlen und Neuzulassungen von Pkw heute noch nicht

---

[125] Bratzel (2014), S. 105
[126] Holland (2019), S. 16
[127] Holland (2019), S. 3 f.
[128] Shaheen & Cohen (2013), S. 9
[129] Loose (2016), S. 27

zu erkennen.[130] Im nationalen Vergleich liegt dies vor allem an den verhältnismäßig wenigen CS-Mitgliedern im Vergleich zur gesamten Bevölkerung. Bei der globalen Betrachtung fangen die immer noch steigenden Absatzzahlen aus Märkten wie China die negativen Effekte ab. Somit ist der Einfluss bei Betrachtung des gesamten Absatzes noch gering, bzw. nicht zu erkennen. Jedoch lassen die aktuellen Wachstumszahlen (siehe Abbildung 2) vermuten, dass der Einfluss von CS auf die Automobilindustrie in Zukunft deutlich steigen und sich in den Absatzzahlen niederschlagen wird. Des Weiteren können Innovationen und technologische Fortschritte im Bereich der anderen Trends, wie autonome Mobilität, Digitalisierung und Elektromobilität, CS zu einem noch stärkeren Konkurrenzprodukt entwickeln.[131] Unternehmen wie Tesla und Mercedes haben bereits bewiesen, dass fahrerlose Autos technologisch umsetzbar sind.[132] Somit ist es vorstellbar in der Zukunft ein Fahrzeug zu buchen, welches autonom zu dem Standort der buchenden Person fährt, diese einsammelt und zum Zielort fährt. Der Pkw operiert dann komplett autonom und der Mensch fungiert lediglich als Passagier. Eine derartige Entwicklung würde den privaten Besitz eines Fahrzeuges für den Alltag beinahe überflüssig machen, da jederzeit die Möglichkeit besteht ein autonomes Fahrzeug zu buchen. Eine effiziente und vermutlich günstige Mobilität ist gewährleistet. Für Automobilkonzerne würde dies eine weitere signifikante Reduzierung der Verkaufszahlen als Folge haben.

Laut dem Wirtschaftsprüfer Deloitte, besteht durch die sinkenden Absatzzahlen eine direkte Bedrohung für das Geschäftsmodell heutiger Konzerne, da im Moment noch eine signifikante Abhängigkeit von hohen Absatzzahlen besteht.[133] Laut der Autoren der Studie, muss ein „Paradigmenwechsel" stattfinden, bei dem die direkte Beziehung zum Kunden intensiviert wird. Nur so sei es möglich sich gegen die Konkurrenz der Branche in Zukunft zu behaupten.[134] In der Vergangenheit entstand Kundenbindung hauptsächlich durch Vertragshändler. Um einen direkten Kundenkontakt zu etablieren, muss zukünftig verstärktes Beziehungsmarketing betrieben werden.[135] Es scheint jedoch plausibel, dass zukünftige Pkw-Verkäufe im Internet

---

[130] Busch et al. (2019), S. 35
[131] Lenz & Fraedrich (2016), S. 173
[132] Holland (2019), S. 3
[133] Deloitte (2015), S. 2 f.
[134] Deloitte (2015), S. 11
[135] Holland (2019), S. 4

durchgeführt werden. Dadurch würden die Händler jeglichen Kundenkontakt verlieren. Integriert man nun das Konzept des autonomen Fahrens, so kann es dazu kommen, dass Autos autonom in die Werkstatt fahren und auch hier der Kundenkontakt wegfällt. Es wird also immer klarer, dass das traditionelle Geschäftsmodell im Zuge neuer Innovationen überholt ist. Auf lange Sicht sind Automobilhersteller durch die Marktentwicklung gezwungen, ihr produktorientiertes Geschäftsmodell zu einem serviceorientierten Modell umzustellen und durch Dienstleistungen zu erweitern.[136] Automobilkonzerne können unter anderem im Gebiet der Sharing Economy aktiv als Anbieter mitwirken, um ihre Marktposition zu verstärken. Allerdings hat die Integration von CS-Angeboten in das Produktportfolio, Auswirkungen auf das Kerngeschäft. Es kann zu einem Kannibalisierungseffekt kommen. Dieser tritt ein, wenn ein neu eingeführtes Produkt die Umsätze bereits bestehender Produkte negativ beeinflusst.[137] Die eigenen CS-Fahrzeuge reduzieren den Bedarf an Neufahrzeugen und schaden damit den Absatzzahlen.

Allerdings bietet die Integration von CS für Automobilkonzerne ebenfalls attraktive Potentiale. Diese werden im Folgenden dargestellt.

4.2 Potentiale von Carsharing für Automobilkonzerne

In Deutschland besteht für CS ein großes Marktpotential, wie die rasant steigenden Nutzerzahlen in Abbildung 2 verdeutlichen. Zudem nimmt Deutschland im Vergleich zu anderen Ländern in Europa, eine Vorreiterrolle im Hinblick auf alternative Mobilitätskonzepte ein (siehe Abbildung 6). Diese Entwicklung liegt hauptsächlich an der Automobilindustrie, welche oft als Aushängeschild der gesamten deutschen Industrie fungiert und innovative Konzepte der Mobilität frühzeitig aufgreift und unterstützt. So haben sich die Automobilkonzerne (Daimler und BMW) bereits früh im Bereich Carsharing engagiert (car2go und DriveNow) und somit die in Abbildung 6 dargestellte Entwicklung ermöglicht.

---

[136] Holland (2019), S. 19
[137] Raghavan Srinivasan, Ramakrishnan & Grasman (2005), S. 360

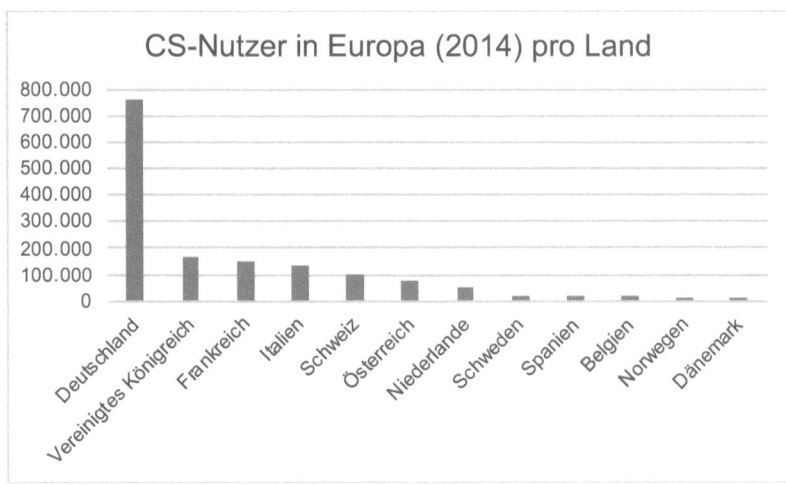

Abbildung 6: CS-Nutzer in Europa (2014) pro Land
(Quelle: Eigene Darstellung in Anlehnung an Frost & Sullivan (2014), o.S.)

Dieses Engagement ist durch diverse Potentiale von CS für Automobilkonzerne zu begründen. Die hohe Umweltbelastung durch den Ausstoß von schädlichen Gasen, führt zu einem signifikanten Druck auf die Verursacher, dieses Problem zu adressieren und zu verbessern. Verursacher sind in diesem Fall die Hersteller umweltschädlicher Pkw. Gerade durch die steigende Verkehrsbelastung und Luftverschmutzung in Ballungsräumen, wird dieses Thema auch in Zukunft erheblichen Einfluss auf die Automobilindustrie haben. Da statistisch jedes CS-Fahrzeug 15 private Pkw ersetzt, kann Carsharing eine Maßnahme sein, um das Problem zu verringern.[138] Laut Rifkin (2014), fahren CS-Nutzer, nachdem sie sich bei einem CS-Anbieter angemeldet haben, 31 % weniger mit dem eigenen Pkw als zuvor. Dies hat 2009 in den USA zu einer Reduzierung der CO2-Emissionen von 482.170 Tonnen geführt.[139] Ein Engagement in diesem Bereich kann helfen, das Markenimage in Richtung Nachhaltigkeit und Ökologie zu verändern und der moralischen Verantwortung des Umweltschutzes gerecht zu werden.[140] Zudem ist die Marke durch Carsharing in der Öffentlichkeit präsenter, wodurch der Bekanntheitsgrad der Marke oder eines bestimmten Modells gesteigert werden kann.[141] Carsharing-

---

[138] Loose (2016), S. 27
[139] Rifkin (2014), S. 332
[140] Firnkorn & Müller (2012), S. 265
[141] Voeht, Pölzl & Kienzler (2015), S. 478

Angebote können Konzernen ebenfalls helfen, potentielle Kunden an die Elektromobilität heranzuführen. Durch sehr hohe Anschaffungskosten und eine begrenzte Reichweite besteht eine relativ hohe Barriere bei der Anschaffung eines privaten Elektroautos. Durch das Anbieten eines derartigen Fahrzeuges im Rahmen von Carsharing können Kunden erste Erfahrungen und Eindrücke im Bereich der Elektromobilität gewinnen. Konzerne haben zudem die Möglichkeit, Elektroautos als flottentaugliche Fahrzeuge zu testen sowie die Auswirkungen durch Dauerbetrieb zu erforschen.[142] Ein weiterer Vorteil durch den Betrieb eines CS-Angebotes ist, dass der Carsharing-Markt als eine Art „Experimentiermarkt" verwendet werden kann, um neue Technologien und Innovation zu testen.[143] So kann zum Beispiel eine neues Infotainment-System in die Fahrzeuge integriert werden und Kunden geben direktes Feedback über Vor- und Nachteile des neuen Systems. Das Potential der Branche auf Wachstum der monetären Einkünfte des Betreibers, stellt selbstverständlich auch ein Motiv für den Markteintritt dar.[144] Welche Möglichkeiten sich hier verbergen, zeigt eine Studie, welche prognostiziert, dass im Jahr 2020 in Europa 200 CS-Anbieter mit ungefähr 240.000 Fahrzeugen eine Anzahl von 15 Millionen Kunden bedienen. Die frühzeitige Sicherung von Marktanteilen in diesem Segment ist dementsprechend attraktiv.[145] Außerdem ist es möglich durch die Integration eines CS-Angebotes in das Produktportfolio, die Wertschöpfungskette noch näher an den Kunden zu bringen. Dies wird von Experten als große Chance angesehen, da es den Wandel eines Automobilherstellers zu einem weitreichenden Mobilitätsdienstleister vorantreibt. Da bereits heute Automobilkonzerne einen großen Anteil ihrer Profite durch Services erwirtschaften und Carsharing dieses Portfolio erweitern kann, wird dies als enormes Potential wahrgenommen.[146] Die Differenzierung ihres Geschäftsmodells durch die Integration dieser neuen Dienstleistung ist eine weitere Chance für Automobilhersteller. Dies zeigt z.B. das Engagement von Daimler in dem P2P-Bereich mit der Marke Croove und im B2C-Bereich mit car2go.[147] Welches Potential Automobilkonzerne in der Funktion als Dienstleister sehen, verdeutlicht die Aussage von VW, bis 2025 Marktführer im Bereich der Mobilitätsanbieter zu werden und sich von einem Produkthersteller zu einem

---

[142] Voeht, Pölzl & Kienzler (2015), S. 480
[143] Freese, Schönberg & Horstkötter (2014), S. 17 f.
[144] Firnkorn & Müller (2012), S. 265
[145] Rifkin (2014), S. 331
[146] Voeht, Pölzl & Kienzler (2015), S. 480
[147] Busch et al. (2019), S. 33

Software-Konzern zu wandeln.[148] Ähnliche Aussagen wurden von BMW, Mercedes und Audi getätigt. Dem Consulting-Unternehmen Roland Berger zufolge, erwirtschaften Automobilkonzerne 75% bis 80% ihrer Profite über Aftersales-Produkte und Dienstleistungen, obwohl nur 20% aller Verkäufe dieser Kategorie zugeordnet werden. Daraus folgt, dass die Gewinnspanne bei diesen Angeboten deutlich höher ausfällt als bei dem Verkauf von Fahrzeugen. Dies erklärt den wechselnden Fokus auf Services und Dienstleistungen.[149]

Neben reinen CS-Dienstleistungen können ebenso Integrated Transport Provider Services (ITPS) angeboten werden. Damit ist ein vernetztes Ökosystem an Mobilität gemeint, bei dem ein Kunde unter Verwendung einer Dienstleistung zunächst einen CS-Wagen nutzt, dann ein Ride-Hailing Angebot in Anspruch nimmt und die letzten Meter durch ein Bike-Sharing Angebot zurücklegt. Die Kombination dieser verschiedenen Konzepte unter einer Dachorganisation ermöglicht dem Kunden das Barrierefreie wechseln zwischen Mobilitätsalternativen.[150] Dieses Konzept wird bereits durch eine Kooperation von BMW und Daimler unter dem Namen ReachNow umgesetzt. Ein Angebot dieser Art treibt die Diversifizierung des Produktportfolios weiter voran.

Obwohl CS-Dienstleistungen wie bereits beschrieben einen negativen Effekt auf die Verkaufszahlen von Pkw haben, bestehen ebenso große Potentiale, welche in Zeiten der Sharing Economy und steigendem Umweltbewusstsein hohe Relevanz haben.

4.3 Neue Formen des Autobesitzes

Als Folge der Sharing Economy werden Automobilkonzerne in Zukunft als serviceorientierte Dienstleister auftreten und das produktorientierte Geschäftsmodell wird in den Hintergrund rücken.[151] Für eine starke Marktposition im Bereich der Mobilitätsdienstleister ist ein differenziertes Portfolio essentiell. Ziel dabei ist es, möglichst viele Kundenwünsche abzudecken. Ein differenziertes Portfolio kann somit aus verschiedenen Dienstleistungen wie z. B. CS, Ridesharing, Ride-Hailing, ITPS und klassischem Leasing bestehen. Um eben jenes Portfolio zu erweitern, haben Automobilkonzerne das Konzept des All-Inclusive Leasing entwickelt. Wie

---

[148] Holland (2019), S. 4
[149] Roland Berger (2013), S. 24
[150] Rifkin (2014), S. 334
[151] Holland (2019), S. 4

dem Namen bereits entnommen werden kann, trägt der Anbieter bei diesem Konzept sämtliche Kosten. Jene Angebote werden auch als Auto-Abonnement beschrieben. Der Kunde muss lediglich eine monatliche Grundgebühr für die Nutzung des Pkw und den verbrauchten Kraftstoff bezahlen. Kosten für Versicherung, Kfz-Steuer, Wartung, Anzahlung, Winterbereifung und Sonderzahlungen fallen im Vergleich zu normalen Leasing-Angeboten weg. Die Kosten eines All-Inclusive Leasing Vertrages sind somit transparenter gehalten, wodurch die finanzielle Planungssicherheit erhöht wird. Es gibt keine Kosten, die auf den Kunden zukommen, welche zu Beginn des Vertrages möglicherweise nicht berücksichtigt wurden, wie z.B. Winterreifen und Wartung. Dieses Konzept ist bereits bei Automobilkonzernen angekommen. Unter dem Namen „Care by Volvo" hat Volvo dieses Konzept in die Praxis umgesetzt. Derzeit ist jedes Modell der Volvo Produktpalette im Rahmen von „Care by Volvo" verfügbar.[152] Wie beim klassischen Leasing, ist auch hier ein Kostennachteil im Vergleich zu anderen Konzepten wie CS zu erwarten. Allerdings ist All-Inclusive Leasing auf die veränderten Kundenbedürfnisse ausgelegt, was die Attraktivität dieses Angebotes im Vergleich zu normalem Leasing steigert und einen möglichen Kundenverlust verringern kann. Anbieter wie z.B. das Unternehmen „cluno" ermöglichen sogar Abonnements über einen kurzen Zeitraum. Kunden ist es hier möglich ein Auto lediglich für 6 Monate zu buchen. Beispielsweise nur für die kälteren Monate des Jahres, in den übrigen Monaten genügen womöglich öffentliche Verkehrsmittel und das Fahrrad. Dadurch ergibt sich ein hoher Grad an Flexibilität für den Kunden. Eine weitere Besonderheit dieses Anbieters ist, dass Premiumfahrzeuge von Porsche, aber auch Fahrzeuge der Kompaktklasse von Opel angeboten werden.[153] Hier ist allerdings zu erwähnen, dass die Umfrage und weitere Studien einen Rückgang der Bedeutung des Autos als Statussymbol aufzeigen. Daraus ist zu schließen, dass für Premiumfahrzeuge eine geringere Nachfrage zu erwarten ist.

---

[152] Volvo Car Corporation (2019), o.S.
[153] cluno (2019), o.S.

5 Schlussbetrachtung

Aus der Arbeit geht hervor, dass sich die Sharing Economy derzeit im Aufschwung befindet. Als Hauptgrund dafür ist der Wandel von einer besitzorientierten Gesellschaft zu einer Gesellschaft des Teilens zu nennen. Gerade die junge Generation zwischen 20 und 35 Jahren übernimmt diesen neuen Ansatz.[154] Im Zuge des Aufschwunges erhält dieser Ansatz auch Einzug in der Automobilbranche, in Form von Carsharing, Ride-Hailing oder Ridesharing Unternehmen. In Deutschland steht dabei das Konzept Carsharing im Fokus. Die ressourcenschonende Verwendung von Pkw sowie die geringere Umweltbelastung sind neben finanziellen Aspekten dabei die Hauptvorteile für Nutzerinnen und Nutzer. Die wirtschaftliche Überlegenheit von CS, einem Mietwagen, oder dem privaten Pkw gegenüber, welche von bestimmten Rahmenbedingungen abhängt, wurde durch den Kostenvergleich sowie die Nutzwertanalyse verdeutlicht. Ergebnisse der Umfrage haben zudem Aufschlüsse über die Demographie der Nutzer geliefert. Demnach sind die meisten Nutzer zwischen 20 und 35 Jahre alt und besitzen einen akademischen Abschluss. Zudem ist ein hohes Interesse an dem Konzept CS zu erkennen. Die Mehrheit der Teilnehmer welche aktuell kein CS nutzen, können sich vorstellen in Zukunft Mitglied bei einem Anbieter zu werden. Somit besteht ein großes Wachstumspotential für den deutschen Markt. Ein Abriss der derzeit ansteigenden Nutzerzahlen ist in Zukunft nicht zu erwarten. Trotz der hohen Attraktivität von CS, steht das Konzept beim Erschließen neuer Kunden einigen Barrieren gegenüber. Dabei sind zum Beispiel Mobilitätsroutinen von einzelnen Personen zu nennen, welche nur bei einer Veränderung der äußeren Umstände von der jeweiligen Person in Frage gestellt werden. Erst dann ist es CS möglich, als neue attraktive Alternative zum privaten Pkw oder anderen Mobilitätsvarianten wahrgenommen zu werden. Trotz der in Kapitel 3.3 genannten Barrieren sind in den letzten Jahren rasant steigende Nutzer- und Fahrzeugzahlen zu verzeichnen (siehe Abbildung 2). Weitere Ergebnisse der Umfrage bestätigen die Reduzierung des privaten Pkw Bestandes, als Folge der CS-Nutzung. Diese Reduzierung kann in Zukunft durch die Politik weiter gefördert werden. Maßnahmen, welche die Mobilität ohne eigenen Pkw fördern oder die Attraktivität des eigenen Pkw negativ beeinflussen können dabei eingesetzt werden.[155] Dies würde den Einfluss auf die Automobilkonzerne weiter erhöhen.

---

[154] Matzler, Veider & Kathan (2016), S. 120
[155] Öko-Institut e.V. & ISOE (2018), S. 118

Obwohl die Integration von CS-Angeboten in das Produktportfolio der Automobilkonzerne einen Kannibalisierungseffekt nach sich zieht, bestehen signifikante Potentiale und Vorteile. Unter anderem ist CS als Element zu sehen, welches das Dienstleistungs-Portfolio der Automobilkonzerne erweitert, was im Zuge des Wandels von einem Produkthersteller zu einem Dienstleister besonders wichtig ist. Alle führenden deutschen Automobilkonzerne haben diesen Wandel angekündigt und müssen ihr Portfolio erweitern.[156] Der negative Einfluss auf die Verkaufszahlen reicht nicht aus, die Vorteile und Potentiale zu entkräften. In Anbetracht dieser Entwicklung, werden Service-Leistungen und damit auch Sharing-Plattformen in der Automobilindustrie in Zukunft an Bedeutung gewinnen und der traditionelle Vertrieb von privaten Pkw an Relevanz verlieren. Allerdings sind Veränderungen dieser Art strategische Entscheidungen, welche über Jahrzehnte vollzogen werden.

Die Entstehung neuer Dienstleistungs- und Vertriebskonzepte, wie z.B. das Auto-Abonnement unterstreicht diese Entwicklung bereits heute. Volvo hat dieses Konzept unter dem Namen „Care by Volvo" bereits integriert. Ein Service, der auf veränderte Kundenbedürfnisse zugeschnitten ist, im Vergleich zum Pkw-Kauf höhere Flexibilität bietet und keine finanziellen Mittel langfristig bindet. In Zukunft ist zu erwarten, dass weitere Konzepte der Sharing Economy, wie Carsharing, und Konzepte aus anderen Bereichen, wie All-Inclusive Leasing, Einzug in die Automobilindustrie erhalten und von führenden Automobilkonzernen in ihre Vertriebsstrategie integriert werden.

Technologische Durchbrüche im Bereich des autonomen Fahrens können existierende Mobilitätskonzepte erweitern und verbessern. Beispielsweise können autonom operierende CS-Fahrzeuge, den Gebrauch eines privaten Pkw fast überflüssig machen. Szenarien wie diese sind ebenfalls Faktoren, welche die Führungsebenen der Konzerne zu einer Veränderung des Kerngeschäftes bewegen. Zwar steht ein Ablauf dieser Art heute noch einigen technologischen Barrieren gegenüber, aber es verdeutlicht welche Möglichkeiten durch Innovationen erschlossen werden können.

---

[156] Holland (2019), S. 4 ff.

Diese möglichen Entwicklungen zeigen welches Potential CS auch in Zukunft besitzen wird. Somit ist abschließend zu sagen, dass die in der Einleitung gestellte Frage, ob CS zu einer reduzierten Nachfrage nach neuen Fahrzeugen führt, auf Grundlage dieser Untersuchung mit ja beantwortet werden kann. Sharing-Plattformen der Automobilbranche haben bereits heute einen deutlich erkennbaren Einfluss auf Automobilkonzerne und dieser wird sich in den nächsten Jahren weiter verstärken. Zudem wird der Wandel vom produktorientierten hin zum dienstleistungsorientierten Automobilkonzern unterstützt.

Literaturverzeichnis

Bardhi, F., & Eckhardt, G. M. (2012*). Access-based consumption: The case of car sharing.* Journal of consumer research (S. 881-898), 39(4).

Bortz, J., & Döring, N. (2007). *Forschungsmethoden und Evaluation für Human- und Sozialwissenschaftler: Limitierte Sonderausgabe.* Heidelberg: Springer.

Botsman, R., & Rogers, R. (2011). *What's mine is yours: how collaborative consumption is changing the way we live.* London: Collins

Bratzel, S. (2014). *Die junge Generation und das Automobil–Neue Kundenanforderungen an das Auto der Zukunft?.* In Ebel, B., & Hofer, M.B. (Hrsg.) *Automotive Management* (S. 93-108). Berlin, Heidelberg: Springer.

Bratzel, S., & Lehmann, L. (2010). *Jugend und Automobil 2010: Eine empirische Studie zu Einstellungen und Verhaltensmustern von 18 bis 25-Jährigen in Deutschland.* Bergisch Gladbach: Fachhochschule der Wirtschaft.

Brook, D. (2004). *Carsharing–start up issues and new operational models.* Studie präsentiert während Transportation Research Board 83rd Annual Meeting. Washington DC.

Busch, C., Demary, V., Engels, B., Haucap, J., Kehder, C., Loebert, I., & Rusche, C. (2019). *Sharing Economy in Deutschland: Stellenwert und Regulierungsoptionen für Beherbergungsdienstleistungen.* 39. Baden-Baden: Nomos Verlagsgesellschaft.

Canzler, W., & Knie, A. (2006). *Umdeutung des Automobils: eine sozialwissenschaftliche Unternehmung.* Sozialwissenschaftlicher Fachinformationsdienst soFid, Umweltforschung 2006/1 (S. 9-13). Leibnitz: Institut für Sozialwissenschaften.

Clark, M., Gifford, K., Anable, J., & Le Vine, S. (2015). *Business-to-business carsharing: evidence from Britain of factors associated with employer-based carsharing membership and its impacts.* Transportation (S. 471-495), 42(3). New York: Springer US.

Cramer, J., & Krueger, A. B. (2016). *Disruptive change in the taxi business: The case of Uber.* American Economic Review (S. 177-82), 106(5).

Demary, V. (2015). *Competition in the sharing economy.* IW Policy Paper (Nr. 19/2015). Institut der deutschen Wirtschaft

Diez, W. (2014). *Der Kunde in der Automobilwirtschaft–Kundenzufriedenheit und Kundenbindung*. In Ebel, B., & Hofer, M.B. (Hrsg.) *Automotive Management* (S. 429-450). Berlin, Heidelberg: Springer.

Egger, R., & Posch, A. (2015). *Lebensentwürfe im ländlichen Raum: ein prekärer Zusammenhang?*. Wiesbaden: Springer.

Eichhorst, W., & Spermann, A. (2015). *Sharing Economy–Chancen, Risiken und Gestaltungsoptionen für den Arbeitsmarkt*. IZA Research-Report, 69. Forschungsinstitut zur Zukunft der Arbeit.

Firnkorn, J., & Müller, M. (2012). *Selling mobility instead of cars: new business strategies of automakers and the impact on private vehicle holding*. Business Strategy and the environment (S. 264-280), *21*(4).

Follmer, R., & Gruschwitz, D. (2018). *Mobilität in Deutschland – MiD Kurzreport*. Studie von infas, DLR, IVT und infas 360 im Auftrag des Bundesministers für Verkehr und digitale Infrastruktur (FE-Nr. 70.904/15). Bonn, Berlin.

Franke, S. (2001). *Car Sharing: Vom Ökoprojekt zur Dienstleistung*. Berlin: edition sigma.

Freese, C., Schönberg, A. T., & Horstkötter, D. (2014). *Shared mobility-How new businesses are rewriting the rules of the private transportation game*. München: Roland Berger Strategy Consultants.

Furuhata, M., Dessouky, M., Ordóñez, F., Brunet, M. E., Wang, X., & Koenig, S. (2013). *Ridesharing: The state-of-the-art and future directions*. Transportation Research Part B: Methodological (S. 28-46), 57.

Geradin, D. (2015). *Should Uber be allowed to compete in Europe? And if so how?*. Paper. University College London

Gigerenzer, G., & Selten, R. (2002). *Bounded rationality: The adaptive toolbox*. Dahlem Workshop Reports. Massachusetts: Massachusetts Institute of Technology.

Guo, Y., Xin, F., Jia, Q., Barnes, S., & Wang, Y. (2018). *How traditional incumbents react to sharing economy entrants? Evidence from the car industry*. New Orleans: Emergent Research Forum.

Harms, S., Lanzendorf, M., & Prillwitz, J. (2007). *Mobilitätsforschung in nachfrageorientierter Perspektive*. In Handbuch Verkehrspolitik (S. 735-758). VS Verlag für Sozialwissenschaften.

Henao, A., & Marshall, W. E. (2018). *The impact of ride-hailing on vehicle miles traveled.* Transportation (S. 1-22). Springer US.

Holland, H. (2019). *Dialogmarketing und Kundenbindung mit Connected Cars.* Wiesbaden: Springer.

Institut für Mobilitätsforschung (ifmo) (2011). *Mobilität junger Menschen im Wandel–Multimodaler und weiblicher.* München: Institut für Mobilitätsforschung.

Jacob, R. d., Heinz, A., & Décieux, J. P. (2014). *Umfrage: Einführung in die Methoden der Umfrageforschung* (3. Auflage). München: Oldenbourg.

Jacquet, A. (2018). *A power struggle in the taxi industry: a challenge for Uber and Lyft regarding their Service clauses.* PM World Journal, 7.

Ju, Y., Back, K.-J., Choi, Y., & Lee, J.-S. (2019). *Exploring Airbnb service quality attributes and their asymmetric effects on customer satisfaction.* International Journal of Hospitality Management (S. 342-352), 77.

Kohn W., & Öztürk R. (2013) *Statistik für Ökonomen* (3. Auflage). Berlin, Heidelberg: Springer.

Koopman, C., Mitchell, M., & Thierer, A. (2015). *The sharing economy and consumer protection regulation: The case for policy change.* Journal of Business, Entrepreneurship and the Law (S. 529-546), 8(2).

Kopp, J., Gerike, R., & Axhausen, K. W. (2013). *Status quo and perspectives for car-sharing systems: the example of DriveNow.* In Hülsmann, F. (Hrsg.) *Strategies for Sustainable Mobilities: Opportunities and Challenges* (S. 207-226). London, New York: Routledge.

Kühnapfel, J. B. (2019). *Nutzwertanalysen in Marketing und Vertrieb* (2. Auflage). Wiesbaden: Springer.

Lamberton, C. P., & Rose, R. L. (2012). *When is ours better than mine? A framework for understanding and altering participation in commercial sharing systems.* Journal of Marketing (S. 109-125), 76(4).

Lenz, B., & Fraedrich, E. (2016). *New mobility concepts and autonomous driving: the potential for change.* In Maurer M., Gerdes J., Lenz B. & Winner H. (Hrsg.) *Autonomous driving* (S. 173-191). Berlin, Heidelberg: Springer.

Matzler, K., Veider, V., & Kathan, W. (2016). *Collaborative Consumption: Teilen statt Besitzen.* In Granig, P., Hartlieb, E. & Lingenhel, D. (Hrsg.) *Geschäftsmodellinnovationen* (S. 119-131). Wiesbaden: Springer.

Porst, R. (2014). *Fragebogen: ein Arbeitsbuch* (4. Auflage). Wiesbaden: Springer.

Raab-Steiner, E., & Benesch, M. (2015). *Der Fragebogen: von der Forschungsidee zur SPSS-Auswertung* (4. Auflage). Wien: Facultas-Verlag

Raghavan Srinivasan, S., Ramakrishnan, S., & Grasman, S. E. (2005). *Identifying the effects of cannibalization on the product portfolio.* Marketing intelligence & planning (S. 359-371), 23(4).

Retzmann, T. (2012). *Lexikon der ökonomischen Bildung* (8. Auflage). München: Oldenbourg.

Rid, W., Parzinger, G., Grausam, M., Müller, U., & Herdtle, C. (2018). *Carsharing in Deutschland: Potenziale und Herausforderungen, Geschäftsmodelle und Elektromobilität.* Wiesbaden: Springer.

Rifkin, J. (2014). *Die Null-Grenzkosten-Gesellschaft: Das Internet der Dinge, kollaboratives Gemeingut und der Rückzug des Kapitalismus.* Frankfurt, New York: Campus Verlag.

Schumann, S. (2012). *Repräsentative Umfrage: praxisorientierte Einführung in empirische Methoden und statistische Analyseverfahren* (6. Auflage). München: Oldenbourg.

Shaheen, S. A., & Cohen, A. P. (2007). *Growth in worldwide carsharing: An international comparison.* Transportation Research Record (S. 81-89), 1992(1).

Shaheen, S. A., & Cohen, A. P. (2013) *Carsharing and Personal Vehicle Services: Worldwide Market Developments and Emerging Trends.* International Journal of Sustainable Transportation (S. 5-34), 7(1).

Sunderer, G., Götz, K., & Zimmer, W. (2018). *Attraktivität und Akzeptanz des stationsunabhängigen Carsharing.* In Franz, H.-W. & Kaletka, C. (Hrsg.), *Soziale Innovationen lokal gestalten* (S. 99-118). Wiesbaden: Springer.

Tils, G., & Rehaag, R. (2017). *Nachhaltige Mobilität durch soziale Innovationen – Potenziale des Carsharing aus Sicht von Konsument/innen.* In Jaeger-Erben, M., Rückert-John, J., & Schäfer, M. (Eds.), *Soziale Innovationen für nachhaltigen Konsum: Wissenschaftliche Perspektiven, Strategien der Förderung und gelebte Praxis* (S. 169-189). Wiesbaden: Springer.

Tils, G., Rehaag, R., & Glatz, A. (2016). *Carsharing-ein Beitrag zu nachhaltiger Mobilität*. In Bala, C., & Schuldzinski, W., (Hrsg.), *Prosuming und Sharing - neuer sozialer Konsum: Aspekte kollaborativer Formen von Konsumtion und Produktion* (S. 85-111). Düsseldorf: Verbraucherzentrale NRW.

Voeth, M., Pölzl, J., & Kienzler, O. (2015). *Sharing Economy–Chancen, Herausforderungen und Erfolgsfaktoren für den Wandel vom Produktgeschäft zur interaktiven Dienstleistung am Beispiel des Car-Sharings*. In Bruhn, M., & Hadwich, K., (Hrsg.), *Interaktive Wertschöpfung durch Dienstleistungen* (S. 469-489). Wiesbaden: Springer.

Wang, X., MacKenzie, D., & Cui, Z. (2017). *Complement or competitior? comparing car2go and transit travel times, prices, and usage patterns in Seattle*. Studie präsentiert während Transportation Research Board 96th Annual Meeting.

Wappelhorst, S., Sauer, M., Hinkeldein, D., Bocherding, A., & Glaß, T. (2014). *Potential of electric carsharing in urban and rural areas*. Transportation Research Procedia (S. 374-386), 4.

Witzke, S. (2016). *Carsharing und die Gesellschaft von Morgen: Ein umweltbewusster Umgang mit Automobilität?*; mit einem Geleitwort von Prof. Dr. Martin Müller. Wiesbaden: Springer.

Young, M., & Farber, S. (2019). *The who, why, and when of Uber and other ridehailing trips: An examination of a large sample household travel survey*. Transportation Research Part A: Policy and Practice (S. 383-392), 119.

Zervas, G., Proserpio, D., & Byers, J. W. (2017). *The rise of the sharing economy: Estimating the impact of Airbnb on the hotel industry*. Journal of marketing research (S. 687-705), 54(5).

Zwick, M. (2013). *Wege ins Carsharing*. In Sonnberger, M., Carrera, D., & Ruddat, M. (Hrsg.) *Teilen statt besitzen. Analysen und Erkenntnisse zu neuen Mobilitätsformen* (S. 71-90). Bremen: Europäischer Hochschulverlag.

Internetquellen

ADAC (2019). *Kostenvergleich E-Fahrzeuge + Plug-In Hybride gegen Benziner und Diesel.* Verfügbar unter: https://www.adac.de/_mmm/pdf/E-Autos-Vergleich_260562.pdf (05.05.2019 11:02 Uhr)

Becker, U., Heller, J., & Schreier, H. (2015) *Evaluation CarSharing (EVA-CS): Endbericht.* München: team red, TU Dresden & Omnitrend. Verfügbar unter: https://tud.qucosa.de/api/qucosa%3A29048/attachment/ATT-0/ (31.05.2019 13:43 Uhr)

Bundesverband CarSharing (2019). *Aktuelle Zahlen und Daten zum CarSharing in Deutschland.* Verfügbar unter: https://carsharing.de/alles-ueber-carsharing/carsharing-zahlen/aktuelle-zahlen-daten-zum-carsharing-deutschland-1 (29.04.2019 15:23 Uhr)

Cambio CarSharing (2019a). *Über cambio.* Verfügbar unter: https://www.cambio-carsharing.de/cms/carsharing/de/1/cms_f2_8/cms?cms_knuuid=c2aee204-5821-445a-afc4-1cab62479fcd (27.04.2019 19:58 Uhr)

Cambio CarSharing (2019b). *Tarife in Bremen.* Verfügbar unter: https://www.cambio-carsharing.de/cms/carsharing/de/1/cms_f2_8/cms?cms_knschluessel=TARIFE (07.05.2019 13:12 Uhr)

car2go (2019). *Preisübersicht.* Verfügbar unter: https://www.car2go.com/DE/de/#156129 (05.05.2019 09:23 Uhr)

cluno (2019). *Dein Auto Abo.* Verfügbar unter: https://www.cluno.com/de/ (23.05.2019 13:32 Uhr)

Deloitte (2015) *Route wird neu berechnet – Kundenbeziehungen von Automobilherstellern im digitalen Wandel.* Verfügbar unter: https://www2.deloitte.com/content/dam/Deloitte/de/Documents/manufacturing/DELOITTE-15-5013%20Automo_POV_web.pdf (13.05.2019 12:07 Uhr)

DriveNow (2019). *DriveNow Preise.* Verfügbar unter: https://www.drive-now.com/de/de/pricing/ (04.05.2019 10:46 Uhr)

EBS Business School (2013). *AIM Carsharing-Barometer.* Verfügbar unter: http://www.aim-ebs.de/wp-content/uploads/CS-3-Nutzer.pdf (10.04.2019 14:39 Uhr)

Ford (2019). *Privatleasing.* Verfügbar unter: https://www.ford.de/finanzen/finanzierung-und-versicherung/privatkunden/privatleasing (08.05.2019 12:41 Uhr)

Frost & Sullivan (2010). *Sustainable and innovative personal transport solutions—strategic analysis of carsharing market in Europe.* Verfügbar unter: https://collaborativeeconomy.com/wp/wp-content/uploads/2015/07/2010.-Sustainable-and-Innovative-Personal-Transport-Solutions-Strategic-Analysis-of-Carsharing-Market-in-Europe.-Frost-and-Sullivan.pdf (06.05.2019 9:24 Uhr)

Frost & Sullivan (2014). *Number of car sharing users in Europe in 2014, by country.* In *Statista - The Statistics Portal.* Verfügbar unter: https://www.statista.com/statistics/415263/car-sharing-users-in-europe-by-country/. (03.05.2019 11:53 Uhr)

Loose, W. (2016). *Mehr Platz zum Leben—wie CarSharing Städte entlastet. Ergebnisse des bcs-Projektes CarSharing im innerstädtischen Raum—eine Wirkungsanalyse Endbericht.* Berlin. Verfügbar unter: https://carsharing.de/sites/default/files/uploads/alles_ueber_carsharing/pdf/endbericht_bcs-eigenprojekt_final.pdf (26.04.2019 13:47 Uhr)

MOIA (2019). *Startseite.* Verfügbar unter: https://www.moia.io/de-DE (06.05.2019 11:28 Uhr)

Öko-Institut e.V. & ISOE (2018). *share – Wissenschaftliche Begleitforschung zu car2go mit batterieelektrischen und konventionellen Fahrzeugen.* Gefördert vom BMU. Verfügbar unter: https://www.oeko.de/fileadmin/oekodoc/share-Wissenschaftliche-Begleitforschung-zu-car2go-mit-batterieelektrischen-und-konventionellen-Fahrzeugen.pdf (29.05.19 15:24 Uhr)

PricewaterhouseCoopers AG (PwC) (2015). *Share Economy – Repräsentative Bevölkerungsbefragung.* Verfügbar unter: https://www.pwc.de/de/digitale-transformation/assets/pwc-bevoelkerungsbefragung-share-economy.pdf (27.04.2019 21:28 Uhr).

Roland Berger Strategy Consultants (2013) *Customization – The Key to Success in Aftersales.* In *Automotive Insights* (S. 24-37), Ausgabe 02.2013. Verfügbar unter: https://www.rolandberger.com/de/Publications/Automotive-Insights-2-2013-How-well-do-you-know-your-customer.html. (16.05.2019 18:03 Uhr)

Sixt (2019a). *Was kostet ein Mietwagen?*. Verfügbar unter: https://www.sixt.de/mietservice/mietwagen-kosten/ (06.05.2019 16:58 Uhr)

Sixt (2019b). *Leasing*. Verfügbar unter: https://www.sixt-neuwagen.de/leasing (08.05.2019 10:27 Uhr)

Sixt (2019c). *Mietwagen buchen*. Verfügbar unter: https://www.sixt.de/php/reservation/offerselect (06.05.2019 17:13 Uhr)

Volvo Car Corporation (2019). *Care by Volvo – Das Abo*. Verfügbar unter: https://www.volvocars.com/de/carebyvolvo/ (23.05.2019 13:03 Uhr)

Weber, J. (2018). *Kostenvergleich*. In Gabler Wirtschaftslexikon. Verfügbar unter: https://wirtschaftslexikon.gabler.de/definition/kostenvergleich-37434/version-260869 (03.05.2019 14:09 Uhr)

Anhang

A1. Fragebogen

Carsharing in Deutschland

Seite 1

Liebe(r) Teilnehmer(in),

im Rahmen meiner Bachelorarbeit untersuche ich die Verbreitung und Nutzung von Carsharing-Angeboten in Deutschland. Dabei möchte ich herausfinden, ob die Nutzung von Carsharing-Angeboten den allgemeinen Bestand von privaten Pkw beeinflusst und welche Kriterien der Mobilität Nutzern am wichtigsten sind.
Das Ausfüllen der Umfrage wird 5-6 Minuten dauern.

Absolute Anonymität in der Bearbeitung des Fragebogens ist selbstverständlich gewährleistet. Die Daten werden lediglich im Rahmen der Bachelorarbeit verwendet.

Sollten Sie Fragen bezüglich der Umfrage haben, können Sie mich gerne jederzeit unter folgender E-Mail Adresse kontaktieren:

Vielen Dank für Ihre Teilnahme!

Mattis Esch
Hochschule Bremen

Seite 2

Liegt Ihr Hauptwohnsitz in Deutschland?

○ ja
○ nein

Wohnen Sie in einer Stadt? (> 100.000 Einwohner)

○ ja
○ nein

Anhang

Wie viele Einwohner (x) hat Ihr Wohnort?

○ bis unter 100.000 Einwohner
○ 100.000 bis unter 200.000 Einwohner
○ 200.000 bis unter 300.000 Einwohner
○ 400.000 bis unter 500.000 Einwohner
○ 500.000 bis unter 750.000 Einwohner
○ 750.000 bis unter 1.000.000 Einwohner
○ mehr als 1.000.000 Einwohner
○ [   ]

Seite 3

Wie viele Pkw gibt es in Ihrem Haushalt? (Privat-Pkw sowie Geschäfts- /Dienstwagen, die ständig privat verfügbar sind)

○ 0
○ 1
○ 2
○ 3
○ mehr als 3

Besitzen Sie einen Führerschein? *

○ ja
○ nein => Weiter mit Seite 13

Die Seite « Seite 4 » nur [ausblenden ▼], falls vorangehende Fragen wie folgt beantwortet wurden:

4. Wie viele Pkw gibt es in Ihrem Haushalt? (Privat-Pkw sowie Geschäfts- /Dienstwagen, die ständig privat verfügbar sind) - "0" (x) löschen

+ Weitere Bedingung hinzufügen

(x) Schliessen

Erweiterte Einstellungen

Seite 4

Wie viele Kilometer (Km) werden mit diesem Fahrzeug im Durchschnitt etwa pro Jahr zurückgelegt?
(bei mehreren Fahrzeugen bitte nur den Wert für den meist genutzten Pkw angeben)

[_____] Km/Jahr

Die Seite « Seite 5 » nur [ausblenden ▼], falls vorangehende Fragen wie folgt beantwortet wurden:

4. Wie viele Pkw gibt es in Ihrem Haushalt? (Privat-Pkw sowie Geschäfts-/Dienstwagen, die ständig privat verfügbar sind) - "0" (x) löschen

+ Weitere Bedingung hinzufügen

(x) Schliessen

Erweiterte Einstellungen

Seite 5

Wie oft können Sie als Fahrer über ein Auto verfügen? (Privat- oder Firmenwagen, kein CarSharing)

◯ jederzeit
◯ gelegentlich
◯ gar nicht
◯ keine Angabe

Seite 6

Kennen Sie sogenannte „Carsharing-Angebote?"

◯ ja
◯ nein => Weiter mit Seite 13

Die Seite « Seite 7 » nur [anzeigen ▼], falls vorangehende Fragen wie folgt beantwortet wurden:

8. Kennen Sie sogenannte „Carsharing-Angebote? - "ja" (x) löschen

+ Weitere Bedingung hinzufügen

(x) Schliessen

Erweiterte Einstellungen

Seite 7

Welchen der folgenden Anbieter kennen Sie?

- [ ] Cambio
- [ ] Car2Go
- [ ] DriveNow
- [ ] Flinkster
- [ ] Stadtmobil
- [ ] Book N Drive
- [ ] teilAuto
- [ ] Greenwheels
- [ ] Scouter
- [ ] E-Wald
- [ ] app2drive
- [ ] _____

Nutzen Sie ein Carsharing-Angebot? *

- ( ) ja
- ( ) nein => Weiter mit Seite 12

Seite 8

Sind Sie bei mehreren Anbietern registriert?

- ( ) Nein, nur bei einem Anbieter
- ( ) ja, bei zwei Anbietern
- ( ) ja, bei drei Anbietern
- ( ) ja, bei vier Anbietern
- ( ) ja, bei mehr als vier Anbietern

Bei welchem oder welchen Anbieter(n) sind Sie registriert?

- [ ] Cambio
- [ ] Car2Go
- [ ] DriveNow
- [ ] Flinkster
- [ ] Stadtmobil
- [ ] Book N Drive
- [ ] teilAuto
- [ ] Greenwheels
- [ ] Scouter
- [ ] E-Wald
- [ ] app2drive
- [ ] _____

Wie häufig nutzen Sie Carsharing?

- ○ täglich
- ○ wöchentlich
- ○ jede zweite Woche
- ○ monatlich
- ○ seltener als die angegebenen Optionen

Seite 9

Haben Sie wegen der Nutzung von CarSharing einen oder mehrere Pkw in Ihrem Haushalt abgeschafft?

- ○ ja
- ○ nein

Anhang

Welchen Anteil hatte die Verfürgbarkeit von Carsharing-Angeboten an Ihrer Entscheidung?

○ sehr großen Anteil
○ eher großen Anteil
○ war teilweise mitentscheidend
○ eher geringen Anteil
○ sehr geringen Anteil

Seite 10

Haben Sie wegen der Nutzung von Carsharing-Angeboten auf die Anschaffung eines PKW verzichet?

○ ja
○ nein

Welchen Anteil hatte die Verfürgbarkeit von Carsharing-Angeboten an dieser Entscheidung?

○ sehr großen Anteil
○ eher großen Anteil
○ war teilweise mitentscheidend
○ eher geringen Anteil
○ sehr geringen Anteil

Die Seite « Seite 11 » nur [ausblenden ▼], falls vorangehende Fragen wie folgt beantwortet wurden:

4. Wie viele Pkw gibt es in Ihrem Haushalt? (Privat-Pkw sowie Geschäfts- /Dienstwagen, die ständig privat verfügbar sind) - "0" (x) löschen

+ Weitere Bedingung hinzufügen

(x) Schliessen

Erweiterte Einstellungen

Seite 11

Ist es für Sie vorstellbar in den kommenden Jahren einen Pkw wegen der Nutzung von Carsharing abzuschaffen?

○ ja, definitiv
○ eventuell
○ eher nicht
○ auf keinen Fall
○ Weiß nicht genau

Welchen Anteil hätte die Verfürgbarkeit von Carsharing-Angeboten an dieser möglichen Entscheidung?

○ sehr großen Anteil
○ eher großen Anteil
○ war teilweise mitentscheidend
○ eher geringen Anteil
○ sehr geringen Anteil

Die Seite « Seite 12 » nur [ausblenden ▼], falls vorangehende Fragen wie folgt beantwortet wurden:

10. Nutzen Sie ein Carsharing-Angebot? - "ja" (x) löschen

+ Weitere Bedingung hinzufügen

(x) Schliessen

Erweiterte Einstellungen

Seite 12

Was ist für Sie der entscheidende Grund, kein CarSharing zu nutzen?

☐ kein Bedarf
☐ zu teuer
☐ nicht verfügbar
☐ zu umständlich
☐ zu unzuverlässig
☐ anderer Grund: _____

Anhang

Bitte geben Sie an, in welchem Umfang Sie den folgenden Aussagen zustimmen.

	Stimme voll und ganz zu	Stimme eher zu	Teils/Teils	Stimme eher weniger zu	Stimme gar nicht zu	Keine Angabe
Carsharing ist grundsätzlich eine gute Idee.	○	○	○	○	○	○
Ich kann mir vorstellen, Carsharing zu nutzen.	○	○	○	○	○	○
Ich weiß nicht genau, wie man Carsharing nutzen kann.	○	○	○	○	○	○
Ich kann mir vorstellen, auf einen privaten Pkw zu verzichten.	○	○	○	○	○	○

Seite 13

Wie wichtig sind Ihnen folgende Punkte bei der Nutzung eines Pkw auf einer Skala von 1 - 10? (1-geringe Relevanz; 10-hohe Relevanz)

	1	2	3	4	5	6	7	8	9	10
Nutzungskosten	○	○	○	○	○	○	○	○	○	○
Anschaffungskosten	○	○	○	○	○	○	○	○	○	○
Service-/Wartungsaufwand	○	○	○	○	○	○	○	○	○	○
Umweltfreundlichkeit	○	○	○	○	○	○	○	○	○	○
Unkomplizierter Wechsel der Fahrzeugkategorie (Kleinwagen, Transporter, Kombi, etc.)	○	○	○	○	○	○	○	○	○	○
Unkomplizierter Wechsel des Antriebs (Diesel, Benzin, Hybrid, etc.)	○	○	○	○	○	○	○	○	○	○
Verfügbarkeit (ist der Pkw jederzeit verfügbar?)	○	○	○	○	○	○	○	○	○	○
Pkw als Statussymbol	○	○	○	○	○	○	○	○	○	○
Zeitaufwand für den gesamten Weg	○	○	○	○	○	○	○	○	○	○
Flexibilität (keine Kilometerbegrenzung, zeitlich unabhängig)	○	○	○	○	○	○	○	○	○	○

Seite 14

Wie ist ihr Geschlecht?

○ männlich
○ weiblich
○ divers

Wie alt sind Sie?

○ < 20 Jahre
○ 20 - 35 Jahre
○ 35 - 50 Jahre
○ > 50 Jahre

Wie viele Personen mit Führerschein leben ständig in Ihrem Haushalt, Sie selbst eingeschlossen?

Anzahl: [_____] Personen

Haben Sie einen Fachhochschul- oder Universitätsabschluss?

○ Ja
○ Nein
○ Keine Angabe

Sind Sie aktuell erwerbstätig?

○ ja
○ nein

Die Seite « **Seite 15** » nur [ausblenden ▼], falls vorangehende Fragen wie folgt beantwortet wurden:

27. Sind Sie aktuell erwerbstätig? - "**nein**" (x) löschen

+ Weitere Bedingung hinzufügen

(x) Schliessen

Erweiterte Einstellungen

Seite 15

Wie hoch ist Ihr monatliches Nettoeinkommen?

○ bis unter 1.500 Euro pro Monat
○ 1.500 bis unter 2.600 Euro pro Monat
○ 2.600 bis unter 4.000 Euro pro Monat
○ 4.000 bis unter 6.000 Euro pro Monat
○ mehr als 6.000 Euro pro Monat
○ keine Angabe

Seite 16

A2. NWA – Zielbeiträge der Kriterien

Erfüllung		1	2	3	4	5
Nr.	Kriterium			Zielbeiträge		
1	Nutzungskosten	sehr hohe	hohe	mittlere	geringe	keine
2	Anschaffungskosten	sehr hohe	hohe	mittlere	geringe	keine
3	Service-/Wartungsaufwand	sehr hoch	hoch	mittel	eher gering	gering
4	Umweltfreundlichkeit	gering	eher gering	mittel	hoch	sehr hoch
5	Unkomplizierter Wechsel der Fahrzeugkategorie (Kleinwagen, Transporter, etc.)	schwer	eher schwer	mittel	eher leicht	leicht
6	Unkomplizierter Wechsel des Antriebs (Diesel, Hybrid, etc.)	schwer	eher schwer	mittel	eher leicht	leicht
7	Verfügbarkeit	gering	eher gering	mittel	hoch	sehr hoch
8	Pkw als Statussymbol	gering	eher gering	mittel	hoch	sehr hoch
9	Zeitaufwand für den gesamten Weg	sehr hoch	hoch	mittel	eher gering	gering
10	Flexibilität (keine Kilometerbegrenzung, zeitlich und örtlich unabhängig)	gering	eher gering	mittel	hoch	sehr hoch

Tabelle 2: NWA - Zielbeiträge der Kriterien
(Quelle: Eigene Darstellung)

A3. NWA – Bewertung der Mobilitätsalternativen: CS „free floating"

⌀ => Durchschnitt

				Bewertung der Mobilitätsalternativen
				Carsharing ("free floating")
Nr.	Kriterium	⌀ Gewichtung (1-10)	Erf.	Begründung
1	Nutzungskosten	7,76	3	- Kosten von mindestens 0,19 €/min; abhängig von dem gewählten Pkw - Kosten von 0,29 €/km ab 200 km - Kosten für Anmeldung sind minimal, verteilen sich auf gesamte Zeit der Mitgliedschaft - Keine weiteren Kosten
2	Anschaffungskosten	7,82	5	- Keine Anschaffungskosten
3	Service-/Wartungsaufwand	7,34	5	- Kein Service-/Wartungsaufwand
4	Umweltfreundlichkeit	7,61	3	- Ressourcen werden effizienter genutzt - EA werden angeboten - Reduzierung des MIV - Ersetzt mehrere private Pkw - Trotzdem Ausstoß von Emissionen wenn kein EA verwendet wird
5	Unkomplizierter Wechsel der Fahrzeugkategorie (Kleinwagen, Transporter, etc.)	5,52	3	- Fahrzeugkategorie kann leicht gewechselt werden - "free-floating" Anbieter haben allerdings meistens nur Kompaktwagen im Angebot, Transporter können hier nicht gebucht werden
6	Unkomplizierter Wechsel des Antriebs (Diesel, Hybrid, etc.)	4,82	5	- Fahrzeugtyp kann bei der Buchung ausgewählt werden
7	Verfügbarkeit	8,43	3	- Meistens im näheren Umkreis verfügbar, vorrausgesetzt man befindet sich im Geschäftsgebiet - Fahrzeug kann jederzeit von anderem Nutzer belegt werden
8	Pkw als Statussymbol	3,41	1	- Pkw ist klar erkennbar kein Eigentum
9	Zeitaufwand für den gesamten Weg	7,24	4	- Pkw kann direkt am Zielort auf einem Parkplatz abgestellt werden - Weg zum Pkw muss vor Fahrtantritt zurückgelegt werden - Ziel muss sich im Geschäftsgebiet des Anbieters befinden
10	Flexibilität (keine Kilometerbegrenzung, zeitlich und örtlich unabhängig)	8,27	3	- Nutzer ist an das Geschäftsgebiet gebunden - Ab 200 km kommen extra Kosten von 0,29 €/km hinzu - Kosten sind abhängig vom Nutzungszeitraum - Konzept ausgelegt auf spontane Buchung - "One-Way" Fahrten sind möglich

Tabelle 3: NWA - Bewertung der Mobilitätsalternativen: CS "free floating"
(Quelle: Eigene Darstellung; Informationen aus car2go (2019), o.S.)

A4. NWA – Bewertung der Mobilitätsalternativen: CS stationsbasiert

⌀ => Durchschnitt

				Bewertung der Mobilitätsalternativen
				Carsharing (stationsbasiert)
Nr.	Kriterium	⌀ Gewichtung (1-10)	Erf.	Begründung
1	Nutzungskosten	7,76	3	- Kosten von 0,23 €/km - Kosten von 1,70 €/Stunde - Kosten für Anmeldung sind minimal, verteilen sich auf gesamte Zeit der Mitgliedschaft - Keine weiteren Kosten
2	Anschaffungskosten	7,82	5	- Keine Anschaffungskosten
3	Service-/Wartungsaufwand	7,34	5	- Kein Service-/Wartungsaufwand
4	Umweltfreundlichkeit	7,61	3	- Ressourcen werden effizienter genutzt - EA werden angeboten - Reduzierung des MIV - Ersetzt mehrere private Pkw - Trotzdem Ausstoß von Emissionen wenn kein EA verwendet wird
5	Unkomplizierter Wechsel der Fahrzeugkategorie (Kleinwagen, Transporter, etc.)	5,52	5	- Fahrzeugtyp kann bei der Buchung ausgewählt werden - Auswahl aus diversen Farzeugklassen: Combi, Transporter, Kleinwagen, etc.
6	Unkomplizierter Wechsel des Antriebs (Diesel, Hybrid, etc.)	4,82	5	- Fahrzeugtyp kann bei der Buchung ausgewählt werden
7	Verfügbarkeit	8,43	3	- Diverse Stationen in Städten verteilt - Fahrzeug ist an die Station gebunden - Reservierungen sind möglich
8	Pkw als Statussymbol	3,41	1	- Pkw ist klar erkennbar kein Eigentum
9	Zeitaufwand für den gesamten Weg	7,24	3	- Pkw muss wieder an der selben Station abgestellt werden - Weg zum Pkw muss zurückgelegt werden vor Fahrtantritt - Weg vom Pkw zum endgültigen Zielort muss zurückgelegt werden
10	Flexibilität (keine Kilometerbegrenzung, zeitlich und örtlich unabhängig)	8,27	2	- Je höher die gefahrene Kilometerzahl, desto geringer der finanzielle Vorteil von CS (siehe Kostenvergleich: Kapitel 3.5) - Kosten sind abhängig vom Nutzungszeitraum - Ab 100 km, geringere Kosten pro km - Örtlich an Station gebunden - Keine "One-Way" Fahrten möglich

Tabelle 4: NWA - Bewertung der Mobilitätsalternativen: CS stationsbasiert
(Quelle: Eigene Darstellung; Informationen aus Cambio CarSharing (2019b), o.S.)

A5. NWA – Bewertung der Mobilitätsalternativen: Privater Pkw Kauf

ø => Durchschnitt

				Bewertung der Mobilitätsalternativen
				Privater Pkw (Kauf)
Nr.	Kriterium	ø Gewichtung (1-10)	Erf.	Begründung
1	Nutzungskosten	7,76	2	- Kosten durch Kraftstoff, Versicherung, Instandhaltung, Wartung und Wertverlust
2	Anschaffungskosten	7,82	1	- Abhängig von der Fahrzeugklasse und dem Hersteller - Dennoch prinzipiell hohe Kosten
3	Service-/Wartungsaufwand	7,34	2	- Termin vereinbaren, Fahrzeug zur Werkstatt bringen, Fahrzeug abholen: Zeitaufwand - Kosten durch Wartung und Service
4	Umweltfreundlichkeit	7,61	1	- Ausstoß von Emissionen - Verwendung eines EA aufgrund von hohen Anschaffungskosten deutlich seltener
5	Unkomplizierter Wechsel der Fahrzeugkategorie (Kleinwagen, Transporter, etc.)	5,52	1	- Nur möglich durch Kauf eines anderen Autos
6	Unkomplizierter Wechsel des Antriebs (Diesel, Hybrid, etc.)	4,82	1	- Nur möglich durch Kauf eines anderen Autos
7	Verfügbarkeit	8,43	5	- Jederzeit für den privaten Gebrauch verfügbar
8	Pkw als Statussymbol	3,41	5	- Wird als Eigentum angesehen - z.B. ein Premiumfahrzeug kann als Statussymbol gelten
9	Zeitaufwand für den gesamten Weg	7,24	5	- Kein zeitraubender Weg zum Fahrzeug - Private Pkw stehen meißt auf der eigenen Einfahrt oder in nächster Nähe
10	Flexibilität (keine Kilometerbegrenzung, zeitlich und örtlich unabhängig)	8,27	5	- Keine Begrenzungen - Freie Verfügbarkeit über das Fahrzeug

Tabelle 5: NWA - Bewertung der Mobilitätsalternativen: Privater Pkw Kauf
(Quelle: Eigene Darstellung)

A6. NWA – Bewertung der Mobilitätsalternativen: Privater Pkw Leasing

⌀ => Durchschnitt

				Bewertung der Mobilitätsalternativen
				Privater Pkw (Leasing)
Nr.	Kriterium	Gewichtung ⌀ (1-10)	Erf.	Begründung
1	Nutzungskosten	7,76	3	- Kosten durch Kraftstoff, Versicherung, Instandhaltung und Wartung - Wertverlust wird nicht vom Nutzer getragen
2	Anschaffungskosten	7,82	3	- Abhängig von der Fahrzeugklasse und dem Hersteller - Sonderzahlung zu Beginn des Vertrages gängige Methode - Bei höheren monatlichen Kosten, kann der Vertrag auch ohne Sonderzahlung abgeschlossen werden - Überführungskosten fallen dennoch an
3	Service-/Wartungsaufwand	7,34	2	- Termin vereinbaren, Fahrzeug zur Werkstatt bringen, Fahrzeug abholen - Kosten durch Wartung und Service
4	Umweltfreundlichkeit	7,61	1	- Ausstoß von Emissionen - Verwendung eines EA aufgrund von hohen monatlichen Kosten deutlich seltener
5	Unkomplizierter Wechsel der Fahrzeugkategorie (Kleinwagen, Transporter, etc.)	5,52	1	- Nur möglich durch einen neuen Leasing-Vertrag
6	Unkomplizierter Wechsel des Antriebs (Diesel, Hybrid, etc.)	4,82	1	- Nur möglich durch einen neuen Leasing-Vertrag
7	Verfügbarkeit	8,43	5	- Jederzeit für den privaten Gebrauch verfügbar
8	Pkw als Statussymbol	3,41	5	- Wird als Eigentum angesehen - z.B. ein Premiumfahrzeug kann als Statussymbol gelten
9	Zeitaufwand für den gesamten Weg	7,24	5	- Kein zeitraubender Weg zum Fahrzeug - Private Pkw stehen meißt auf der eigenen Einfahrt oder in nächster Nähe
10	Flexibilität (keine Kilometerbegrenzung, zeitlich und örtlich unabhängig)	8,27	4	- Kilometerleistung pro Jahr begrenzt: Abhängig von monatlicher Rate - Sonst freie Verfügbarkeit über das Fahrzeug

Tabelle 6: NWA - Bewertung der Mobilitätsalternativen: Privater Pkw Leasing
(Quelle: Eigene Darstellung; Informationen aus Ford (2019), o.S.)